唯物論と現代

2021.3　No.63

特集　コロナ危機と現代社会

論　文

研究ノート

書　評

特集　コロナ危機と現代社会

新型コロナウイルス・パンデミック

宗川吉汪

一　はじめに

日本も世界も、いま、新型コロナウイルス・パンデミックの脅威にさらされている。二〇二一年のはじめには、全世界の感染者は一億人を超え、死者は二〇〇万に達すると予測されている。この事態は、一〇〇年前の第一次世界大戦の最中に発生したインフルエンザの世界的大流行（スペイン風邪）を想起させる。当時の世界人口は五〇億、うち感染者六億、死者二〇〇〇万と推定されている。感染率は一二％で、死亡率は五％に登った。今回のコロナパンデミックがスペイン風邪と同じように推移するとすれば、現在の世界人口が七八億であるから、感染者は九億人になり、死者は四〇〇〇万人を超えることになる。

スペイン風邪が流行した当時、インフルエンザの原因がウイルスであることは分かっていなかった。インフルエンザウイルスの発見は一九三三年のことである。現在ではコロナウイルスの正体はわかっている。ウイルス遺伝子を検出することで感染の追跡は可能だ。われわれに生まれつき備わっている免疫力についての知識も豊富になり、医療も格段に進歩している。九億人の感染者を出す前にコロナウイルスを封じ込めることは十分できるはずである。

二　ウイルスとは何者か(1)(2)

生物学者は、一般に、ウイルスを生物の仲間に入れていない。ウイルスは「生物と無生物の間」あるいは「さまよえる遺伝子」などと言われている。挙句には、「生物でない生命体」とか「最果ての生命」などとも言われる。

　われわれヒトはれっきとした「生物」である。ヒトは六〇兆個もの細胞からできている多細胞「生物」である。一方、大腸菌や肺炎球菌のような細菌はたった一個の細胞からできていて、単細胞「生物」と言われる。細胞は、遺伝情報系・生体分子合成系・エネルギー代謝系をもち、エネルギーの供給さえあれば自立して増殖できる。つまり、「生物」というわけである。

　ところが、ウイルスは遺伝情報系しかもっていない。ウイルスは細胞に感染して細胞のもつ生体分子合成系・エネルギー代謝系を乗っ取り、自身の遺伝情報系をつかって増殖する。それゆえ自立した「生物」とはみなされない。

　ウイルスの教科書的定義は以下のようなものである。すなわち、ウイルスは遺伝子（ＤＮＡまたはＲＮＡ）を囲むタンパク質の殻（カプシド）からできた微粒子（二〇〜三〇〇nm）で、中にはタンパク質・脂肪・糖質を含む外被（エンベロープ）を持つものもいる。細胞に感染して増殖し、しばしば病気の原因になる。ＲＮＡを遺伝子とする細胞（生物）は存在しない。


図1にコロナウイルスの構造を示す。ウイルス遺伝子のＲＮＡを囲むカプシドがエンベロープに包まれている。エンベロープにある矢印状のものはスパイクタンパク質を表す。コロナウイルスの電子顕微鏡写真で王冠（ギリシャ語でコロナ）あるいは太陽のコロナのように見えるのがこれである。コロナウイルスの名前の由来でもある。このスパイクタンパク質は細胞への感染で重要な役割を果たす。

　ＰＣＲ検査は、ポリメラーゼ連鎖反応（Polymerase Chain Reaction）をつかった検査で、遺伝子ＲＮＡの一部分をポリメラーゼという酵素を使って増幅し、ウイルスを検出する方法である。

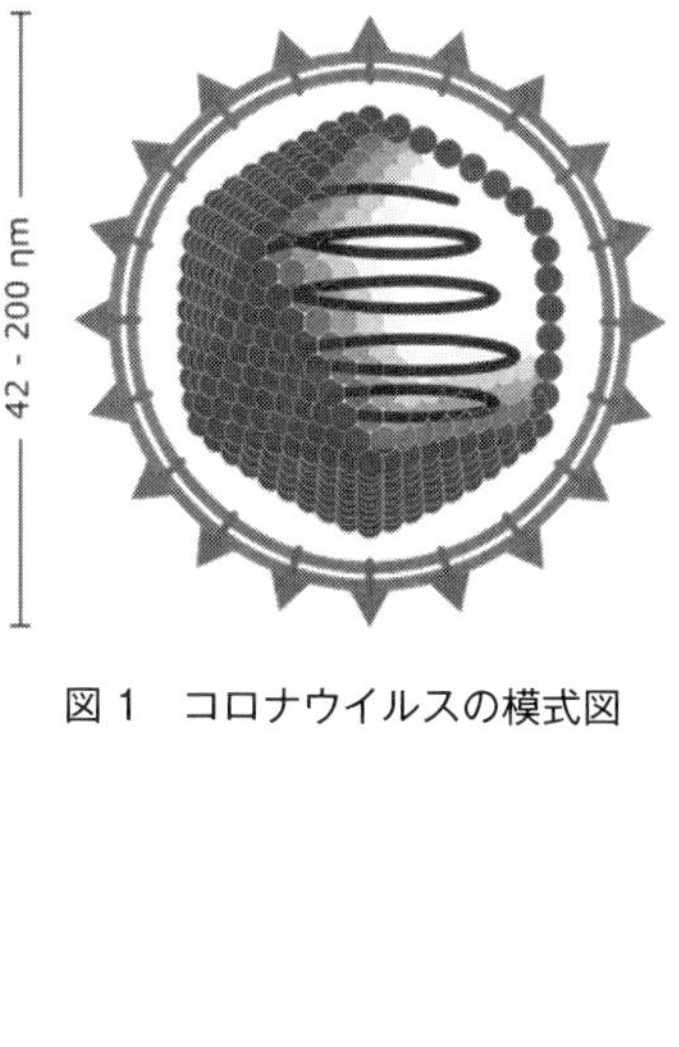

図１　コロナウイルスの模式図

三　新型コロナウイルス

新型コロナウイルスが感染すると、しばしば重い肺炎を発症する。これは重症急性呼吸器症候群と言われる。それゆえこのウイルスはSARS-CoV-2（Severe acute respiratory syndrome coronavirus-2）と名付けられた。中国・武漢市で二〇一九年一二月に初めて見つかったことから新型コロナウイルス感染症はCOVID-19（Corona virus disease 2019）と呼ばれている。

今世紀初頭の二〇〇二年から二〇〇三年にかけて中国や東南アジアで重症急性呼吸器症候群（SARS）が流行した。その病原体はコロナウイルスと同定され、SARS-CoV-1と名づけられた。一〇年ほどした二〇一二年から中東で同じ病気が流行し、中東呼吸器症候群MERS（Middle East respiratory syndrome）と呼ばれた。これもコロナウイルス（MERS-CoV）が原因であった。二〇年足らずの間に世界は三度もコロナウイルスの大流行に見舞われたのである。

コロナウイルスは、もともとコウモリのもつウイルスで、コウモリには無害である。今回の新型コロナウイルスSARS-CoV-2は、コウモリとセンザンコウのそれぞれのコロナウイルスとが組み合わさって新たに誕生したものと考えられている。一方、SARS-CoV-1はコウモリとハクビシンの、そしてMERS-CoVはコウモリとヒトコブラクダのそれぞれのコロナウイルスが組み合わさって誕生したと推測されている。

ちなみにセンザンコウは鱗甲目の哺乳動物で、アルマジロ類に似ていて、中国では肉は食用、鱗（うろこ）は魔よけとして用いられている。

新型コロナウイルスが標的とするヒト細胞は、気管支や肺、心臓、腎臓、消化器などにある。それらの細胞の表面にあるＡＣＥ２というタンパク質分子めがけてウイルス表面にあるスパイクタンパク質が結合する。ＡＣＥ２はアンギオテンシン転換酵素２（angiotensin converting enzyme-2）の略称で、血管拡張機能に関連する酵素である。ＡＣＥ２が新型コロナウイルスの標的になる特別な理由はない。A型インフルエンザウイルスはウイルス表面にあるヘマグルチニンという糖タンパク質が細胞表面にあるシアル酸と結合して感染する。エイズの原因ウイルスであるヒト免疫不全ウイルス（ＨＩＶ）はヒト白血球の表面にあるＣＤ４レセプターとケモカインレセプターＣＣＲ５という二種類のタンパク質と結合する。これらの分子はいずれもたまたまウイルスの標的になったに過ぎない。

ウイルスは細胞に感染・侵入し、細胞の機能を乗っ取って複製し、細胞の外に飛び出ていく。細胞は二分裂で増えていくが、ウイルスは感染細胞の中で一個から一〇〇〇個にも増殖する。

コロナウイルス感染症は、ウイルスが口や鼻あるいは眼の粘膜から体の中に入ってくることから始まる。体の中に入ったウイルスは次に細胞に侵入して増殖する。この状態を「感染」という。ウイルスが増えると、通常五日程度の潜伏期間を経て、発熱やのどの痛み等の風邪症状が出現する。この状態を「発病」という。発病から一週間程度、風邪のような軽微な症状が続き、約八割の人はそのまま治癒する。しかしながら、約二割の人が徐々に肺炎の症状が悪化して入院に至る。これを「重症化」という。これが重症急性呼吸器症候群と言われる重い肺炎である。特に基礎疾患のある人あるいは高齢者は重症化する可能性が高い。

小児は成人に比べてコロナウイルス感染者が少ない。ACE2の発現が小児では少ないことが知られている。一方、喫煙により肺組織のACE2の発現量は増加する。そのため喫煙者は重症化リスクが高くなる。

新型コロナ患者では嗅覚異常・味覚異常を訴える人が多い。また新型コロナウイルスは心血管系にも影響をおよぼし、急性冠症候群、心筋炎、不整脈（心房細動など）を引き起こすことがある。

RNA遺伝子は変異しやすい。二〇二〇年一二月、ロンドンを含む南東イングランドで新型コロナ感染症の急増が見られた。遺伝子解析の結果、スパイクタンパク質が武漢株とは異なる新規の変異株であることが判明した。各国とも警戒態勢を強めている。

四　免疫作用(3)

ウイルス感染はわれわれの体に生まれつき備わっている免疫力によって防御・駆逐される。免疫を担う細胞は白血球で、血液中に赤血球、血小板と共に存在する。これらの血液細胞は骨髄で造血幹細胞から分化・形成される。白血球には、単球、顆粒球（好中球、好酸球、好塩基球）、リンパ球（B細胞、T細胞、NK細胞）などがある。

リンパ球は血液の中だけでなく、リンパ管を通じて、全身に約五〇〇個あるリンパ節や扁桃腺、脾臓、腸管のパイエル板、胸腺などをめぐっている。リンパ球はリンパ液と血液の中を行き来しながら、ウイルスなどの病原体や異物の侵入に備えているのである。

感染ウイルスを駆逐するために、はじめに自然免疫が働き、次に獲得免疫が働く。自然免疫は感染ウイルスの種類を問わないが、獲得免疫は感染したウイルスに特異的である。コロナウイルスに対する獲得免疫はインフルエンザウイルスなど他のウイルスには無効である。

免疫学では侵入してきた病原体や異物、あるいはそれらの分解物を抗原と呼ぶ。獲得免疫は抗原特異的である。一方、自然免疫は抗原非特異的である。

四-一　自然免疫

自然免疫に関係する白血球は、単球、顆粒球、ＮＫ（ナチュラルキラー）細胞などである。単球は血管外の組織に入ると異物を食べこむ食細胞（マクロファージ）に分化する。マクロファージは感染ウイルスを飲み込み分解する。一方、顆粒球やＮＫ細胞は感染細胞を破壊する作用をもつ。

ウイルス感染防御に関係する自然免疫ではインターフェロンも重要な役割をはたす。ウイルス感染によって、細胞はインターフェロンというタンパク質を生産する。インターフェロンは周囲の細胞に作用してそれらをウイルス抵抗状態にする。

感染ウイルス量が少なかったり、元気な人は自然免疫でウイルスを撃退することができる。

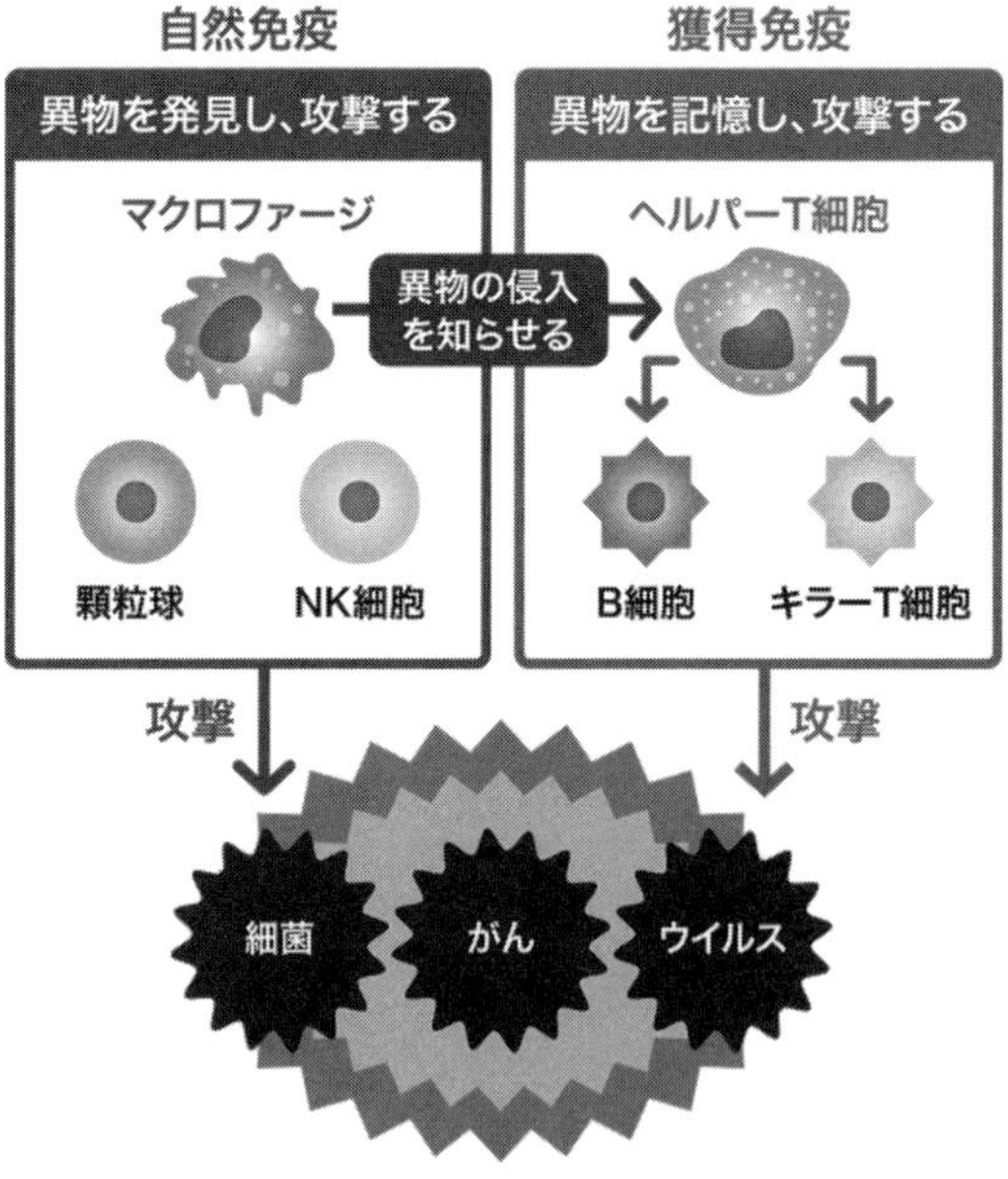

図２　自然免疫と獲得免疫

四-二　獲得免疫

自然免疫で駆逐されなかったウイルスは獲得免疫の標的になる。担当細胞はリンパ球のＢ細胞とＴ細胞である。獲得免疫は抗原特異的であるため、他のウイルスだけでなく古いタイプのコロナウイルスに対する獲得免疫も新型コロナウイルスには無効である。

獲得免疫にはキラーT細胞が担当する細胞性免疫とB細胞が担当する体液性免疫とがある。細胞性免疫の標的はウイルス感染細胞である。一方、体液性免疫の標的はウイルスそれ自体である。

細胞性免疫

新型コロナウイルス感染に伴う細胞性免疫の機序の概略を以下に示す。

①マクロファージが新型コロナウイルスを分解する。ウイルス抗原の一部が細胞表面に出てくる。（これを抗原提示という）

②抗原提示したマクロファージが抗原特異的ヘルパーT細胞をさがし出し、そのT細胞を活性化する。

③活性化した抗原特異的ヘルパーT細胞は抗原特異的キラーT細胞をさがして結合し、そのキラーT細胞を活性化する。

④活性化した抗原特異的キラーT細胞が増殖し、新型コロナウイルス感染細胞を攻撃する。

⑤新型コロナウイルスに特異的なヘルパーT細胞やキラーT細胞の一部が、免疫記憶細胞として残る。次回感染時に、これらは速やかに増殖する。（これを免疫記憶という）

体液性免疫

体液性免疫の機序の概略は以下のとおり。

①マクロファージが新型コロナウイルスを分解する。ウイルス抗原の一部が細胞表面に出てくる。（抗原提示）

②抗原提示したマクロファージが抗原特異的ヘルパーT細胞をさがし出し、活性化する。（①と②は細胞性免疫と同じ）

③活性化した抗原特異的ヘルパーT細胞は抗原特異的B細胞をさがして結合し、そのB細胞を活性化する。

④活性化した抗原特異的B細胞が増殖・分化し、抗体産生細胞になる。

⑤抗体産生細胞が抗原に特異的な抗体をつくる。（新型コロナウイルス感染の場合は、新型コロナウイルスに特異的な抗体）

⑥抗原抗体反応によりウイルスが凝集、不活性化される。凝集したウイルスをマクロファージが除去し、ウイルスを駆逐する。

⑦新型コロナウイルスに特異的なB細胞の一部は免疫記憶細胞として体内に残る。次回の感染で速やかに増殖する。（免疫記憶）

免疫グロブリン

体液性抗体は免疫グロブリンとも呼ばれ、IgG、IgM、IgA、IgD、IgE の五種類がある。Ig は免疫グロブリン（Immunoglobulin）の略号。IgE はアレルギーに関与する抗体で、IgD の正確な機能は不明。

IgG……血液中に最も多く存在し（一 ml あたり八～一〇 mg）、体液性抗体の主役をなす。半減期が三週から一カ月と寿命が長く、ウイルスを凝集・不活性化する力が強い。胎児には母親の血液を介して供給され、赤ちゃんの免疫が発達するまで子供を守る。

IgM……ウイルスの侵入に際してB細胞が最初につくる抗体。抗原特異的 IgM の生産が同じ抗原に対する IgG の生産につながる。血液中の濃度は IgG の一〇％程度で、抗原に対する親和性も IgG に比べて弱く、半減期も五日ほどと短い。

IgA……血液の中だけでなく、眼の結膜・鼻・のど・気管支・消化管・尿路などの粘膜の分泌物である粘液（涙・唾液・鼻汁・気管支の粘液・消化管の粘液・尿・精液・母乳など）に存在する。血液中の抗体は血清型 IgA、粘液中の抗体は分泌型 IgA と区別して呼ばれている。

分泌型 IgA は、外界から粘膜へのウイルスなど異物の侵入を現場で防除することから「局所免疫」ともいわれる。血清型 IgA の濃度は IgG の二〇％ほどであるが、分泌型 IgA は粘液中に大量に存在する。成人の一日の生産量は三～五 g もある。全身の抗体の生産の主力が粘膜に向けられていると言っても過言ではない。

コロナウイルスやインフルエンザウイルスなどの風邪ウイルスは鼻やのどから感染するが、これらのウイルスに対して最初に働く抗体が分泌型 IgA である。母乳に含まれる IgA が新生児の消化管を病原体から守る。

四-三　免疫記憶と免疫系の老化

ある抗原に一度免疫応答すると、次回からはその抗原に対してもっと強く素早く免疫応答するようになる。この能力を免疫記憶という。先に、抗原特異的ヘルパーT細胞、キラーT細胞、B細胞の一部が、免疫記憶細胞として体内に残り、次回の抗原刺激で速やかに増殖する、と述べた。同じ病気に二度かからないという意味で、免疫とは、狭義には、免疫記憶のことをいう。

新型コロナウイルス感染症では七〇〜九〇歳代の高齢者が重症化し死亡するケースが多い。これまでの死者は年齢別では八〇歳代が最も多く、七〇代、九〇代が続く。インフルエンザウイルス感染でも事情はほぼ同じである。加齢によって免疫系の老化が主な原因と考えられている。免疫記憶も薄れ、免疫応答にも乱れが生じる。

「局所免疫」を司る分泌型IgAの生産は八〇歳を越えると二〇歳代の半分にも減少する。また、老齢に達するとウイルスに感染してもインターフェロンの生産も悪くなり、B細胞はウイルスを攻撃するような抗体をあまりつくらなくなる。その結果、ウイルスは広範囲に広がってしまう。T細胞も正常に働かず、そのために病状が悪化し、命を落とすことにつながる。

リンパ組織の胸腺は胸腔にあり、ここでTリンパ球が成熟する。Tリンパ球の名前は胸腺の英語であるthymusに由来する。誕生間もない幼児の胸腺の場合、その一gあたりのリンパ球は一〇億個以上もある。四〇歳代では一〇〇分の一の一〇〇〇万個に減少し、胸腺の重さも一〇分の一になる。結局、リンパ球の総数は幼児に比べて一〇〇〇分の一になってしまう。

胸腺は最も老化の早い器官で、七〇歳〜八〇歳代になるとほとんどが脂肪に置き換わる。しかし、退縮しても完全に無くなることはなく、リンパ球を作り続ける。しかしその機能は低下し、Tリンパ球に依存した抗体の生産能力やキラーT細胞の能力、ヘルパーT細胞の能力などはだんだんと低下する。高齢化によって病気に対して弱くなるのは仕方のないことである。

先に新型コロナウイルスの感染が成人に比べて小児では少ないことを指摘した。小児におけるACE2の低発現量だけでなく、胸腺の機能も関与している可能性がある。

五　ワクチンと治療薬

新型コロナウイルスの流行を食い止めるためにワクチンや治療薬の開発が期待されている。しかしながら、ワクチンや薬の効果は限定的で、新型コロナウイルスの流行を完全に抑え込む切り札にはならないだろう。

アメリカ製薬大手のファイザーとドイツ・バイオ医薬ベンチャーのビオンテックは遺伝子工学の手法を用いてワクチンを開発した。彼らは、ウイルスのスパイクタンパク質の暗号を担っているメッセンジャーRNA（mRNA）を合成し、それを脂質ナノ粒子に封入しワクチンとした。これを筋肉内に注射すると、細胞内でワクチンmRNAの情報に従ってスパイクタンパク質が合成される。そのものが抗原となってコロナウイルス・スパイクタンパク質に対する抗体が生成されるというわけである。

新型コロナウイルスのスパイクタンパク質は細胞表面のACE2と結合して細胞に侵入した。このスパイクタンパク質を抗体がブロックすればウイルス増殖を防ぐことができると期待される。

今回開発された遺伝子工学ワクチンの泣き所はmRNAを封入している脂質ナノ粒子の不安定である。ワクチンを安定に保存するためにマイナス七〇℃の超低温槽が必要である。また、ワクチンの安全性もまだ十分に確認されていない。

コロナウイルスは、まず始めに、侵入部である鼻やのどの呼吸器粘膜上皮に局所感染した。それゆえ、コロナウイルス感染阻止には、分泌型IgAによる気道の「局所免疫」が有効であった。mRNAワクチンで賦活化される免疫反応は主に体液性免疫で、IgGが誘導される。しかしながら粘膜IgAは誘導されない。それゆえ、「発病」や「重症化」を抑える効果は期待できるが、初期の「感染」防御には直接には役に立たない。

一方、治療薬としてアビガンやレムデシビルのような抗ウイルス剤が期待されている。これらの薬の有効性が確かめられたとしても、これをもって新型コロナウイルスの感染を抑え込むことはできない。そもそも抗ウイルス薬は、「重症化」を防ぐ効果はあっても「感染」そのものを防ぐことはできないからである。

抗ウイルス薬には、感染したウイルス量を減少させる作用があるが、完全に駆逐することはできない。もちろん、ウイルス量が減少すれば免疫作用にとっては極めて有利になる。しかしなんと言っても最終的にウイルスを駆逐するのは免疫である。免疫機能の衰えた高齢者が不利になるのは、事実として、やむを得ないことである。

六　日本の感染症対策

日本の感染症対策は、伝統的に、結核とらい病（ハンセン病）が中心であった。この体制は今にも引き継がれている。インフルエンザや今回のような新型コロナ対策を担う国の機関は厚労省・健康局・結核感染症課で、各地の保健所が実務を担っている。ウイルス感染症の専門部局は存在しない。

結核感染症課の対策の基本は、結核やハンセン病の集団感染防止のために患者を見つけて隔離することである。いわゆるクラスター対策である。新型コロナウイルスの流行に際して、国はこのクラスター対策を応用した。感染して病気になった患者を見つけて隔離することを対策の柱とした。ＰＣＲ検査は診断の手段に使われたにすぎない。

二〇二〇年春の第一波は抑えられたように見えたため、クラスター対策は功を奏したと喧伝された。しかしながら夏の第二波は抑えられず、冬の第三波を迎えてしまった。クラスター対策は完全に失敗した。

しかしそれは当然である。コロナウイルスの感染スピードは、結核菌やハンセン病の病原体である抗酸菌とは較べものにならないくらい速い。さらに無症状者が震源地（エピセンター）となって感染を拡大している。患者を見つけてから隔離・保護するのでは間に合わないのである。

ＰＣＲ検査を抜本的に拡大して、エピセンター対策に切り替えるべきである。患者を追いかけるのでなく、ＰＣＲでコロナを追いかけるべきである。ＧｏＴｏ ＰＣＲで行くべきだ。

当面、わが国における新型コロナウイルス感染の拡大をくい止めるためには、徹底した検査と追跡、ならびに保護と補償以外に方法はない。新型コロナ専門の病院や施設、スタッフを拡充すべきである。いのちと経済を天秤にかけるＧｏＴｏ政策は中止すべきだ。

東京・世田谷区では全国に先駆けてＰＣＲの「社会的検査」を始めた。二〇二〇年一〇月から介護施設の職員を調査した。一二月半ばまでに延べ二〇四施設の約三六〇〇人から五三人のＰＣＲ陽性者が確認された。ほとんどの人は無症状であった。ある老人ホームでは、一人の職員の感染が確認されたので、職員と利用者を検査したところ、職員八人、利用者三一人が陽性であった。ＰＣＲ検査を徹底的に行わないかぎりコロナ流行を阻止することはできない。

七　新型コロナパンデミックの要因

国連環境計画（UNEP）は、二〇二〇年七月、以下のような要因がCOVID-19を含めた動物由来感染症の危機を世界的に拡大させていると警告した。

集中型で持続可能でない畜産の増加／野生生物の搾取の増加／都市化・土地利用変化の持続不可能な進行／移

動・輸送・食料供給チェーンによる国境喪失／気候変動による病原体拡散

これらの要因がもうけ第一の新自由主義によるグローバルな経済活動によってもたらされていると広く指摘されている。以下にいく人かの識者の見解を引用する。括弧内は執筆時の所属である。

山内一也（東京大学名誉教授、日本ウイルス学会名誉会員）「人間の活動がエマージングウイルスの出現をうながしている。（中略）農業発展、都市化、戦争、森林開発：（中略）戦争もまた、人間と野生動物を宿主とするウイルスの接点を増加させる。（中略）国際的な人・物の移動：グローバリゼーションの進んだ今日、先進社会と未開の奥地との距離差がほとんどなくなった(4)」

岡田晴恵・田代眞人（国立感染症研究所）「二一世になって初めての新型ウイルスによる新興感染症、SARSは、高速大量輸送の航空機を仲立ちとして、人の交流がグローバル化した世界にまたたく間にひろがった。以前ならば、中国南部に極限した風土病に留まっていたであろう新しい感染症が、急速に世界各地へ伝播され、大きな健康被害と社会的影響をもたらしたのである(5)」

加藤延夫（愛知医科大学学長）「（二〇〇二年）中国広東省に端を発した重症呼吸器症候群（SARS）とよばれるウイルス感染症の流行がまたたくまに世界各国に拡大しました。（中略）このことは、二〇世紀後半の地球人口の爆発的増加や、人類の生活様式の変化による資源の過剰消費のために自然生態系の破壊が進行している事実と無縁ではないと思われます(6)」

藤原辰史（京都大学人文科学研究所准教授）「パンデミックで忘れていけないことは、あまりに自然を乱開発しすぎたことである。生物の生存空間を食い荒らしてきた。永遠に人間と接しなくてもよかったはずの野生動物と人間が接するようになった。野生動物の持つ菌やウイルスとのコンタクトが増えたのである。乱開発から足を洗わなければ、次のパンデミックまでの時間はかなり短くなるに違いない(7)」

石井美保（京都大学人文科学研究所准教授）「ザイールのレレ族の人びとにとってセンザンコウは精霊動物として禁忌の対象となり、また祭祀の対象ともなる。（中略）レレの人びとを畏れさせたこの動物の特異性が多くの人間の欲望を掻き立て、大規模な密漁と闇取引によって絶滅の危機を引き起こす一方で、その危険な断片の世界的な流通と拡散を促しているのだとしたら。それは禁忌を忘れた人間の過剰な介入による境界の崩壊と、制御を超えたサブスタンス＝コード（ウイルスのこと―宗川注）の氾濫の、いまひとつの破滅的な帰結を示唆しているのかもしれない[8]」

最上敏樹（早稲田大学政治経済学部教授）「境界なきグローバル化は、境界なきウイルスの攻撃に対していかなる対抗力を持っていたのか？　ネオ・リベラリズムはウイルスに対して有効に働きえたか？　今のところ、肯定的な答えは見つからない」「環境破壊、過剰な人口、膨大な食料の生産、野放図な自由主義経済、そこからの脱落者の切り捨て、地球全体の資源配分の誤り（軍事費の増大など）等々、多くの問題が連鎖して今回の事態に至っている[9]」

渡邉賢治（京都府保険医協会副理事長）「一九九〇年代以降、経済グローバル化に呼応し、構造改革政治に舵を切ったが、経済活動によって世界中を物と人が行き交うことで当然予想すべき新興感染症への備えを怠ってきた。新型コロナウイルス感染症が医療分野にもたらしている困難の背景にも、新自由主義改革がある。公的な給付の抑制と医療・福祉サービスの市場化によって、国による医療・福祉の保障は最低限に、それ以上のサービスは自己責任で市場から購入するという仕組みへの転換が進められてきた[10]」

米田貢（中央大学経済学部教授）「経済成長を最優先するアベノミクス、新自由主義の政治が、たんに経済格差を拡大するばかりではなく、いのちの格差をも生み出していることを直視しなければならない[11]」

志位和夫（日本共産党委員長）「すべてを市場原理にゆだね、あらゆる規制を取り払い、資本の目先の利潤を最大化していく。社会保障をはじめ公的サービスを切り捨て、自己責任を押し付ける。米国を震源地としながら、この四〇年あまりに新自由主義という〝疫病〟が世界にまん延しました。この〝疫病〟が、社会全体をもろく弱いものにしてしまったことが、新型コロナ・パンデミックを通じて誰の目にも明らかになったのでないでしょうか[12]」

フランシスコ・ローマ教皇「市場だけがすべての問題を解決できるわけでもないのに、誰もが新自由主義の教義を信じるように求められています。（中略）今回のパンデミックによってあらわになった世界システムの脆弱性は、すべてが市場の自由によって解決できないことを明らかにしました。そしてまた、お金によって支配されない健全な政治活動を取り戻し、人間の尊厳を中心に据え直し、その柱の上に私たちが必要とする別の社会構造を作り上げなければならないことを示しました[13]」

斎藤幸平（大阪市立大学経済学部准教授）「本書（『人新生の「資本論」』）は資本主義から離れ、脱成長コミュニズムに移行する必要性を擁護してきた。気候変動もコロナ禍も、『人新生』の矛盾の顕在化という意味で、どちらも資本主義の産物である。経済成長を優先した地球規模の開発と破壊が、その原因である[14]。」「私たちの社会が、どれほど物象化しているか。それを象徴的に教えてくれたのが、新型コロナウイルス対策として政府が立案した『ＧｏＴｏキャンペーン』ではないでしょうか。旅行や外食による感染拡大のリスクがあっても、経済を回していかなければ社会として存続できない。何としても経済を『回して行く』―といっていますが、本当は『回させられている』というほうが正しい。人間のために経済を回すのではなく、経済を回すこと自体が一種の自己目的になって、人間は、資本主義経済という自動装置の歯車としてしか生きられなくなっている[15]」

大西広（慶應義塾大学経済学部教授）「今回のコロナ危機によって『資本主義……は少なくとも一時的に……急ごしらえの「社会主義」に道を譲らざるをえない』との議論さえ主流派経済学者の中から出始めている。我々もまた、ここで問い直すべきはあれこれの政策ではなく、体制自身であることを確認しなければならない[16]」

新自由主義政策のもとにある諸国は、感染症対策部門を切り捨て、医療体制を弱体化させた。日本でも、行政の効率化を旗印に、医療・福祉サービスの市場化が進められ、国による補償は最低限に、それ以上のサービスは自己責任で市場から購入するという仕組みへとつぎつぎに改悪された。新興感染症に備えて多額の予算と人員を確保することは、新自由主義路線では、〝不要不急〟、〝非効率〟、とされた。自助・共助が叫ばれ、公助は後回しというわけである。新自由主義による世界規模の経済戦争が、人間社会を、地球を荒廃させ、その結果として、今日の新型コロナウイルス・パンデミックを引き起こした。

今回のウイルスパンデミックは第二次世界大戦以来の世界史的大事件である。マルクス『資本論』「第八章労働日」の中に、「『大洪水よ、わが亡きあとに来たれ！』これがすべての資本家および資本家国家のスローガンである。それだから、資本は、社会によって強制されるのでなければ、労働者の健康と寿命にたいし、なんらの顧慮も払わない」[17]という有名な文言がある。新自由主義経済は、資本に対する「社会の強制」を徹底的に取っ払ってしまおうというものである。上の論者も指摘するように、コロナパンデミックや地球温暖化は明らかにこの新自由主義の産物である。

われわれが新自由主義、そしてその大元である資本主義のくびきを断ち切らない限り、将来、何度でも新たなウイルスが人類を襲い、その度にウイルスパンデミックに見舞われることになる。人類が生きのびるためには、「資本家国家」を「われわれ市民の社会」に変え、自然豊かな地球をとり戻さなければならない。このようなメッセージを真剣に受け止めるべき時代にわれわれは今遭遇しているのではないだろうか。

引用文献

(1) 宗川吉汪「ウイルスは生物か無生物か―古くて新しい問題」『日本の科学者』四一巻（二〇〇六）六七四～六七九ページ。
(2) 宗川吉汪「自然淘汰・選択による生物の進化」関西唯物論研究会編『二一世紀の唯物論』文理閣（二〇〇八・三）三〇～四五ページ。
(3) 宗川吉汪「新型コロナウイルスの感染と防御」『季論21』四九号（二〇二〇・七）四一～四九ページ。
(4) 山内一也『ウイルスの世紀―なぜ繰り返し出現するのか』みすず書房（二〇二〇・八）一三七～一四〇ページ。
(5) 岡田晴恵・田代眞人『感染症とたたかう―インフルエンザとSARS』岩波新書（二〇〇三・一二）一五一ページ。
(6) 加藤延夫『微生物 vs. 人類―感染症とどう戦うか』講談社現代新書（二〇〇五・一）四～五ページ。
(7) 藤原辰史「喉元を過ぎさせないために」『季論21』四九号（二〇二〇・七）四〇ページ。
(8) 石井美保「センザンコウの警告」村上陽一郎編『コロナ後の世界を生きる―私たちの提言』岩波新書（二〇二〇・七）二三〇ページ。
(9) 最上敏樹「世界隔離を終えるとき」村上陽一郎編『コロナ後の世界を生きる―私たちの提言』岩波新書（二〇二〇・七）一九〇、一九六ページ。
(10) 渡邉賢治「新型コロナウイルス感染拡大で見直しが迫られる医療政策」『日本科学者会議23総学予稿集』（二〇二〇・一二）
(11) 米田貢「コロナ禍の克服を転機に新自由主義の政治の一掃を」『日本科学者会議23総学予稿集』（二〇二〇・一二）
(12) 志位和夫「コロナ危機をのりこえ、新しい日本と世界

を」『しんぶん赤旗』（二〇二〇・七・一七）
(13) フランシスコ・ローマ教皇「回勅」「兄弟であるみなさん」（二〇二〇・一〇・四）
(14) 斎藤幸平『人新生の「資本論」』集英社新書（二〇二〇・九）二七八～二七九ページ。
(15) 斉藤幸平『一〇〇分 de 名著、カール・マルクス資本論』NHK出版（二〇二一・一）三三～三四ページ。
(16) 大西広「危機に現れる資本主義国家の根本的弱点」『日本科学者会議23総学予稿集』（二〇二〇・一二）
(17) カール・マルクス『新版 資本論 第二分冊』新日本出版社（二〇一九・一一）四七一ページ。

（そうかわよしひろ・京都工芸繊維大学名誉教授・生命科学）

特集　コロナ危機と現代社会

パンデミックと憲法
――緊急事態条項の不要性と危険性――

村田尚紀

一　はじめに

二〇一九年末に中国で発見された新型コロナウィルス感染症は、のちにＷＨＯによりCOVID-19と命名された。二〇二〇年一二月下旬現在ワクチン――それも副作用のリスクに関して十分明らかになっているとは言いがたい――が開発・承認され、接種の始まった国もあるが、一般に使用できる治療薬はまだない新型コロナウィルス（SARS-COV-2）は、これに感染すると、患者は、最悪の場合、肺炎によって死亡することは周知のとおりである。このCOVID-19の世界的拡大すなわちパンデミックがもたらす生命・健康の被害・危険と感染拡大対策によってもたらされる社会活動全般の停滞ないし停止という危険な状態とを総称して、ここではCOVID-19危機と呼ぶことにする。

今更いうまでもなく、COVID-19危機の毎日は過酷なまでにストレスフルである。ストレスの原因はCOVID-19そのものの怖さであるが、それだけではない。安倍自公政権の危機対応（というよりも無為無策）がもたらした危機にもその原因はあった。そして安倍政権の政治路線を継承する菅自公政権のCOVID-19危機対応（というよりもこれまた無為無策）もまた多くの人々の不安を募らせることになっている。

本報告は、第一に、とくに二〇二〇年一月からいわゆる緊急事態宣言終結に至るまでのCOVID-19危機第一波の下に日本で生じた様々な問題のうちのいくつかを憲法学の観点から検証すること、第二にCOVID-19危機の下に出てきた改憲論を検討することを課題とする。第一の課題の対象時期を第一波の期間に限定しているのは、今なお進行中の事態を正確にフォローすることが困難であることもさることながら、検証の視角を憲法学の観点に絞るかぎり、問題の本質はその後も変わらないといってよいからである。

二　緊急事態とは何か？

問題の検討に先立って、緊急事態というキーワードについて述べておく必要がある。COVID-19パンデミックを誰もが緊急事態と呼んできた。そのように人口に膾炙している緊急事態とは「緊急の対策を講じなければならない事態」（広辞苑〔第七版〕）のことであろう。感染者増加が止まらない状況がその意味での緊急事態であったことはたしかである。そして、感染者が急増している現在もまた同じ意味の緊急事態である。

これに対して、同じ「緊急事態」でも、憲法論上問題とされる緊急事態とは、国家が立憲的な意味の憲法に則って活動することが不可能といわれる異常事態のことで、緊急事態条項とはそのような異常事態を正常に戻して国家が憲法に基づいて活動できるようにするために憲法の効力を一時的に停止して特に行政権に強力なフリーハンドを付与する条項のことである。いうまでもなく、日本国憲法にそのような緊急事態条項はない。

COVID-19危機がこの憲法論上の緊急事態でなかったし、現在もそうでないことはもちろんである。この間、国会も政府も裁判所も活動していた。それを緊急事態と呼ぶのは、憲法学の立場からいえば、ミスリーディングで好ましくないといえる。改正新型インフルエンザ等対策特別措置法（以下、特措法と略す）三二条に基づいて四月七日から約一カ月半続いた緊急事態とは、COVID-19の「全国的かつ急速なまん延により国民生活及び国民経済に甚大な影響を及ぼし、又はそのおそれがあるものとして政令で定める要件に該当する事態」であり、人口に膾炙している緊急事態のことであった。この事態は、いかなる意味でも憲法の効力停止を要請するようなものではなかった。

以上の確認を念頭に置きながら、問題を検討する。

三　コロナ緊急事態宣言下に何か起きたのか？
――その憲法問題

（1）往来の自由・営業の自由の制約

二〇二〇年二月末、安倍首相が突如、学校休校と大規模なイベントの自粛を法的権限がないにもかかわらず要請して以来、さまざまな社会活動が自粛され、いくつかの自治体が外出自粛を呼びかけていた。この呼びかけに対する人民（国籍保持者を意味することが多い国民という言葉は使わない）の反応は必ずしも悪くはなかったと思われる。それにもかかわらず感染拡大は止まらなかった。それは対応が水際作戦に特化し、すでに起きていた市中感染に無警戒だったからである。

ともあれ、政府は深刻化した事態を受けて、四月七日、特措法に基づく緊急事態宣言を発出する。その際、首相は、外出自粛を強く要請すると言った。そもそも特措法上外出自粛を要請できるのは、都道府県知事である。首相には外出自粛を要請する権限はない。ここにも、安倍の法治主義無視の一例があったことを指摘しておく。そのことを断ったうえでいえば、いくら強く要請しても要請が命令に変わるわけではなく、人民の往来の自由が法的に制限されたわけではなかった。この点は、休業要請や指示についても同様であった（特措法四五条）。

このように特措法の緊急事態宣言中も人民の往来の自由や営業の自由が法的には制限されないことについて、「生ぬるい」という批判があったが、そのこと自体がただちに憲法上問題になることはない。海外の都市封鎖（ロックダウン）が注目されたが、都市封鎖も必要な外出は許容するのであるから自粛要請と実態においてどれほどの違いがあったのかは明確ではない。外出を原則として禁止し、違反者に罰金を科する厳しい規制（たとえば、フランスでは一三五ユーロの罰金）でなくても目的が達成できるのであれば、人権保障の観点からはその方が望ましいといえる。

それでは、往来の自由や営業の自由に関して何も問題はなかったのかというと、そうではない。ワクチンも治療法もまだない（第一波時点）感染症の拡大防止のために外出や人との接触を控えるべきことは疫学的に正しく、多くの人が受け入れることであろう。また、生命・健康が至高の憲法的価値を有することから、憲法上もそれらの自由の制約に正当性が認められよう。しかし、目的が正当であれば、それだけで憲法上、規制が許されるという訳ではない。制約される人権の重要性を考慮しなければならない。往来の自由と営業の自由の制約は、単にそれだけの問題ではない。のちに触れるが、その制約は他のさまざまな権利を同時に制約することになる。

そこで、まず問題となるのは、外出や営業の自粛が真の自粛すなわち自律的な自己決定であったといえるのかということである。そもそも多数決によっても奪えないはずの人権の行使の自粛は、客観的な事態を理解し、自粛の合理性・必要性を理解した上での自己決定によるものでなければならない。ところが、三月下旬あたりから、一種の緊急事態宣言待望論がメディアに現れていた。「宣言が出されれば、自粛に踏み切れる」という街の声がニュースに紹介されることも珍しくなかった。そこにみられる憲法上の問題は、憲法二二条が保障する往来の自由や営業の自由を支えるべき人民の人権意識の（敢えていえば）弱さ、あるいはそれを抑圧する同調圧力ないしいわば問責圧力（「何かあったら責任とれるのか」）の強さである。

(2) 知る権利の蹂躙―社会的インフォームドコンセントの欠如

もっとも、ストレスフルな自粛ムードの原因を意思決定の他律的なありようにみられる人民の人権意識の弱さや日本社会に根強い同調圧力・問責圧力だけに求めるのは誤りである。また、自分で自粛を決断できなかったという人ばかりではなかった。同調圧力に屈してではなく、感染リスクを避けるために自粛することを決めた人がいたことは間違いない。また、新型コロナウィルスに感染しても症状が出ないことがあるという報告があったため、自分が知らぬ間に他人に新型ウィルスを感染させるようなことをしたくないと考えて行動を自粛する人がいたことも間違いない。しかし、そのように同調圧力を意に介さなかった人も含めて、そもそも外出にせよ営業にせよ、自己決定に基づいて自粛するためには、必要な判断材料が揃っていなければならない。そこに大きな問題があった。

この点に関しては、「感染症の予防及び感染症の患者に対する医療に関する法律」（感染症予防法）第一六条一項が「厚生労働大臣及び都道府県知事は、第一二条から前条までの規定により収集した感染症に関する情報について分析を行い、感染症の発生の状況、動向及び原因に関する情報並びに当該感染症の予防及び治療に必要な情報を新聞、放送、インターネットその他適切な方法により積極的に公表しなければならない」と規定している。この条文は、「公表しなければならない」として、厚労大臣及び都道府県知事の裁量を認めていない。しかし、最初の感染者が出て以来、感染症の発生状況がどのような段階にあるのか、緊急事態のあいだ外出自粛要請・休業要請がいつまで続くのか、PCR検査体制がなぜ不十分なのかなど人民は知らされることがなかった。国や地方公共団体から提供される情報は、都道府県単位の感染者と死亡者の数にすぎず、場当たり的な判断や対応について政府がまともな説明をしたためしがなかった。緊急事態宣言の解除も科学的根拠が明確に示された訳ではない。説明しないだけではない。そもそも「新型コロナウィルス感染症対策専門家会議」（専門家会議）は議事録を残していなかった。以上は、政治や行政に関する情報を知る権利（憲法一三条）の蹂躙に他ならないことはいうまでもない。

知る権利を徹底的に蹂躙された人民は、科学的説明を受けられないまま、COVID-19の怖さだけを刷り込まれ、同調圧力と問責圧力に押しつぶされそうになりながら自粛するというよりもむしろ萎縮する極めて不健全な状態に追い込まれていたのである。

（3）損失補償請求権の蹂躙

特措法緊急事態中か否かを問わず、外出や営業の自粛によって生じる問題は、往来の自由・営業の自由の制約にとどまらない。火を見るより明らかなことであるが、多くの人がプライベート空間にとどまれば、経済・文化・学術・芸術・教育等々あらゆる社会的活動が停滞ないし停止する。すなわち、精神的諸自由（憲法一九条・二〇条・二一条・二三条）、健康で文化的な最低限度の生活を営む権利（二五条）、教育を受ける権利（二六条）、勤労の権利（二七条）、労働基本権（二八条）がすべて重大な制約を被ることになる。

COVID-19拡大防止という目的は正当だとしても、外出・営業の制限によって生じるこうした生活上・生存上の犠牲を放置することは憲法上許されない。人権は「侵すことのできない永久の権利」（憲法一一条）だからである。そこで問題となるのが、損失補償請求権である。

損失補償請求権とは、国家の適法な活動によって生じた財産上の損失の補塡を請求する権利である（憲法二九条三項）。国家の違法な活動によって生じる損害の補塡を請求する国家賠償請求権（憲法一七条）とはまったく趣旨が異なる。すなわち、損害賠償は、近代個人主義を思想的基盤とする過失責任主義に基く制度であるのに対して、損失補償は、団体主義的思想を基盤として公共目的のために生じる犠牲を社会的公平負担の見地から救済する制度である。COVID-19感染拡大防止という公共目的のためにさまざまな人権の正当な行使を自粛するという犠牲を救済することは、損失補償の制度趣旨からは当然のことである。

補償の問題について、当初、安倍首相は、「非現実的」と説明していた。これもまた国民の知る権利を無視した無責任な意味不明の「説明」である。損失は現実に生じている。「自粛だから」も、補償をしない理由にならない。その自粛は、政府や地方公共団体の要請によるものだからである。

特措法に損失補償規定はない。これを補償不要の理由とする説明も耳にした記憶があるが、これも成り立たない。特措法に損失補償規定がないのは事実である。しかし、それは補償を行わない理由にならない。憲法二九条三項が損失補償請求権を保障しているからである。法律に損失補償規定がなくても、最高法規である憲法二九条三項に直接基づいて請求することができる。これは、通説・判例の認めていることである。憲法二九条三項は、直接には公用収用を念頭に置いて財産権補償について定めるものであるが、財産権よりも重要なそのほかの権利の制限の場合に、同条項の準用が排除される訳ではなく、むしろいっそう補償されると解される。

したがって、補償なき自粛は、憲法が保障する損失補償請求権の蹂躙といわなければならない。また、それは自粛要請ひいてはCOVID-19感染拡大防止という目的を阻害する。さらにそれは、いうまでもなく国民の生活・生存に深刻な打撃を与える。これは、「国家（財政）守って人民滅ぶ」という最悪のアベコベにほかならない。

「自粛は補償とセットで」という世論に押されて、後ろ向きだった安倍自公政権は、四月七日、生活困窮世帯への三〇万円給付を決定したが、その対象が全国五三〇〇万世帯中約一三〇〇万世帯にとどまったため批判を受け、ようやく四月一六日に個人一律一〇万円給付と改めた。いったん決定した第一次補正予算案を組み替えるという異例の失態であった。一律一〇万円はなお不十分であるが、ともかく世論の勝利といえる。ただし、一〇万円の特別給付金は、補償金ではなく、「景気対策」を名目とするものである。

（4）国民主権・財政民主主義の蹂躙

知る権利の蹂躙は、主権者人民が政治や行政を監視することを困難にする。その意味で、それは国民主権の蹂躙にほかならない。国民主権の蹂躙はそれだけではなかった。

人民の人民による人民のための政治、これが国民主権の意味である。統治機構は三権分立の原則に従って組織・編成されているが、その中でも主権者を代表する国会は「国権の最高機関」（憲法四一条）に位置づけられている。その国会は、COVID-19危機においてどのように運営されたか？　数々の国会軽視を時系列を追って簡単に振り返っておこう。

①特措法改正―審議時間の無駄遣い

まず、特措法改正の問題である。三月一〇日、COVID-19に適用するためと称して特措法改正案が国会に上程され、一三日に成立した。しかし、COVID-19適用が目的ならこのような「改正」は必要なかった。特措法は新型インフルエンザ「等」の感染対策のための法律であるから、とくに改正するまでもなく特措法をCOVID-19対策に適用することはできる。すでに後手に回っていた時点で国会審議の時間を無駄にしたのが、特措法改正問題を国民主権＝民主主義の観点からみたときに指摘できる問題である。なお、特措法そのものの問題についてはここでは省略する。

②予備費の濫用

COVID-19対策として、検査・治療体制の拡充が急務となり、急速に社会活動が収縮するのに対して補償の必要が指摘されるなかで、二〇一九年度予算を組み替える必要が生じていたが、安倍自公政権は、予備費の支出でお茶を濁した。この場合の予備費支出は、予備費では不十分という問題とは別に国会による財政コントロールの軽視という問題をはらむ。憲法八三条は、国民主権の下、国民を代表する国会が議決する予算に基づいて財政が処理されるべきことを定めている。八七条の予備費とは、あらかじめ予算に計上しておくことができなかった不測の事態が発生したり、あらかじめ計上していたが予想外の支出が必要になった場合に使われる予算である。不測の事態が発生したときに内閣の責任で予備費の支出がなされ（八七条一項）、内閣は事後に国会の承諾を受けなければならない（同二項）。この予備費を財政民主主義の観点からどのように位置づけるべきかであるが、国費の支出は憲法八三条を具体化する八五条（「国費を支出し、又は国が債務を負担するには、国会の議決に基くことを必要とする」）によるのが原則であるから、予備費はこの原則の例外と位置づけられる。したがって、国会開会中は、憲法八三条に示される財政議会主義すなわち財政民主主義により、補正予算を議決すべきである。二〇一九会計年度内の三月という通常国会開会中にCOVID-19対策のための支出が不足する事態に至れば、補正予算を議決すべきであったのである。

予備費でお茶を濁した出鱈目さは、さらに二〇二〇年度予算審議にも現れた。安倍自公政権は、二〇二〇年度予算にCOVID-19対策予算を組まなかったのである。そこにみられるのは、東京オリンピック優先とアベノミクスの強行に拘る姿勢であった。

安倍首相は、福島の聖火リレーを見に行くことに直前まで執着したが、結局東京オリンピックは延期となり、補償なき自粛に対する批判に直面して、二〇二〇会計年度が始まって早々に補正予算を組むことになった。そもそも本予算で組んでおけばこういう時間の無駄使いは避けられたのである。さらにこの補正予算の中身も問題だらけであった。PCR検査拡大のための予算は、わずか四九億円で、本予算の病床削減予算八四億円の六割足らず、アベノマスク予算四六六億円の約九分の一にとどまる。その算定は、三月段階での検査実績である一日一五〇〇件に基くものであった。[1]

その後、二〇二〇年度第二次補正予算審議の際に一〇兆円の予備費が組まれたことが問題化した。野党から予備費＝白紙委任という批判と金額の大きさに対する批判がなされると、五兆円の使途を明確にするという回答が与党からなされた。立憲民主党と国民民主党はこれを了解した。しかし、使途を明確化するのであれば、予備費ではなく、しかるべき予算費目として計上すべきであった。

③持続化給付金事業再委託問題

財政民主主義は、予算執行の民主的統制をも当然、要請する。この観点から、いわゆる持続化給付金事業の再委託が問題となることはいうまでもなかった。再委託先に安倍首相と近い関係にあるといわれる電通があることは、アベノマスクの随意契約問題と同じ不正の疑惑さえ感じられる。

④首相の責任放棄

究極の国民主権蹂躙は、四月七日、「緊急事態宣言発出が遅かったのではないか?」という記者の質問に対して飛び出した「責任をとればよいというものではない」という答弁であろう。COVID-19危機が一定の沈静化をみせたとはいえなお進行中の六月、通常国会を延長しなかったのは、まさに無責任のなせる技であった。

（5）生存権蹂躙と国の責務の放棄

COVID-19拡大を食い止めるために安倍自公政権は何をしたか。生存権を保障する憲法二五条は、第二項で「公衆衛生の向上及び増進」に努めることを国の責務としている。安倍自公政権は、この責務を完全に放棄したといっても過言ではないであろう。

COVID-19拡大を防止するためには、なによりも感染状況の正確な把握が不可欠であることは、専門家でなくても分かることとである。しかし、安倍自公政権は、COVID-19を対岸の火事とみて初動で決定的に遅れ、水際作戦とクラスター対策に専念して、市中感染対策を疎かにし、最も肝心なPCR検査を徹底的に抑制したのである。

国際的にみても異常なこの初動の無為無策は、安倍自公政権が、七月の東京オリンピック開催と四月に予定していた習近平来日に固執していたことによる。憲法はさまざまな価値を保障しているが、そのなかでも生命・健康が最優先の価値であることは、当然のことである。最優先すべき生命・健康よりもオリンピック、習近平来日を優先させたことが、憲法一三条や二五条を蹂躙する暴挙であることはいうまでもない。当然の価値判断ができなかった安倍自公政権に危機管理能力が欠如していたことは明らかである。

問題はそれだけではない。オリンピックと習近平来日が延期になっても、政府は緊急事態宣言を出しただけで、積極的な感染拡大防止策を打ち出さなかった。自粛によって生じた損失に対しては、補償ではなく、あくまで景気対策上の特例措置としての給付金（特別給付金、持続化給付期）の支給にとどまった。第一波収束後には、多くの反対があるなか、第二波を呼び込むようなGo Toキャンペーンを前倒ししながら進めた。そこに現れているのは、単に危機管理能力の欠如だけではなく、「コロナ対策と経済の両立」と言いつつ事実上経済を優先させる政策的意図である。この経済優先とは、補償という弱者救済による景気浮揚策ではない。政策による経済活動の促進である。正確な状況把握のないまま感染拡大の危険を顧みないで、このように経済活動を促すのは、アベノミクスを止めたくなかったからである。

政府がPCR検査を徹底的に抑制した理由は、それによって陽性患者が多数出ると医療崩壊するということであった。それ自体が憲法二五条蹂躙であるが、なぜ医療崩壊の危機に直面したのかがそもそもの問題である。備えができていなかったのである。感染拡大が想定不能の規模に上ったからというのは理由にならない。なぜなら、二〇〇九年の新型インフルエンザ大流行を日本も経験しているからである。その経験を生かさなかったのは、政策的意図による。マスクの備蓄が不十分であったし、病床数・医療従事者が不足しており、保健所が不足しているのは、公的医療サービスの縮小化の結果である。医療崩壊の危機を招き寄せたこの施策は、一九八〇年代初めに端を発し、九〇年代に入って加速化する新自由主義政策の一環として長期にわたり行われてきたものである。人口千人あたり医師数は二・四人で、OECD加盟国平均三・五人を大きく下回っている。医師の絶対数の不足には、一九八二年「将来は医師過剰になる」として医学部の入学定員を抑制する閣議決定を行い、二〇〇八年まで医学部の定員を削減してきた背景がある。人口一〇万人あたりのICUの病床数は、ドイツが二九・二で世界トップ、医療崩壊したイタリアでも一二・五に対して日本は四・三である。その背景にあるのも、空きベッドは無駄とみなして病床数を減らし、公立病院を統廃合してきた悪政である。PCR検査を行う保健所は、行財政改革や地方分権により一九九〇年には八五〇カ所あったのに二〇二〇年四月一日現在四六九カ所となっている。[2]しかも、その法的な梃子となった地域保健法によって、保健所は、公衆衛生・感染症対策等の本来の業務以外に障害者対応・児童虐待・介護・福祉、災害時の備えまで担当することになっている。[3]そこにCOVID-19が襲いかかったのである。第一波（といっても、そもそも正確な状況が把握できていなかったのであるから、第一波が収束していたといってよいかさえ疑わしい）が医療崩壊を招かなかったのは、幸運としかいいようがない。

大企業の競争力強化を目的とする新自由主義的施策は、安倍自公政権によっても強行されてきた。二〇一四年に閣議決定された「健康・医療戦略」は、アベノミクス成長戦略の一環として描かれたもので、これがコロナ対策の無為無策と経済最優先の土台にある。[4]

COVID-19危機下で、以上のように政権の危機管理能力の欠如による憲法二五条蹂躙と長期にわたって行われ安倍自公政権によって強化された新自由主義政策のもたらす二五条蹂躙、という二つの憲法二五条蹂躙が重なって起きているのである。

四　政府は何をなすべき（だった）か？
――憲法改正か憲法の実現か

以上にスケッチした諸問題の責任は、安倍自公政権とそれ以前の新自由主義路線をとってきた諸政権にある。いずれの問題の原因も憲法にあるわけでない。ところが、緊急事態宣言が発せられる直前に、憲法に緊急事態条項を創設する改憲論議が始まることを期待する便乗発言が安倍首相の口から飛び出した。

何よりもCOVID-19拡大を食い止めること、そしてそのための措置によって生じうる国民生活・国民経済上の諸問題に必要な手当を行うことが急務となっているときに飛び出した、この安倍首相発言が法律論以前の問題として常識外れであることについては多言を要しないであろう。「なぜ今か」という批判的な声が上がったのは当然である。

(1) 憲法改正の作法

いま改憲論議を促進しようとすることは、論議の中身以前に憲法改正の作法の問題として批判されよう。

まずいうまでもなく、日本国憲法は、改正手続（第九六条）をもっているから、これを決して変えられないものとみなすことはできない。しかし、第九六条があるからといって憲法をどのように変えてもよいというわけではない。憲法改正には手続上・実体上の限界がある。[5]

それだけではない。憲法改正のあり方としては、いわば民主主義のルールというものが、憲法改正という問題の重要性からしてとくに尊重されなければならない。憲法改正には必要性と合理性が要求される。すなわち、憲法の何が問題で手続上・実体上の限界の範囲内でどのように変えればよいのかということについて客観的かつ具体的に明らかになっていなければ憲法改正は許されない。提案者はその点について国民に対し説明責任を果たさなければならない。さらに国民投票が、憲法改正提案者に対する信任投票になってしまわないように、[6]憲法改正案をめぐって自由な意見交換が公共空間で行われる必要がある。

このような説明責任の履行と熟議の保障という民主主義の当然のルールが憲法改正の際にはとくに尊重されなければならないとすれば、憲法改正のタイミングが問題となる。憲法改正案をめぐる熟議が可能で、国民が問題を冷静に受け止め熟慮することができる条件が整っていなければならないであろう。この点に関して、たとえば、歴史的にみて国家緊急権の母国といってもよいフランスでは、現行の第五共和制憲法第八九条四項が「領土の完全性が侵害されている場合、改正手続は、これを着手および継続することが一切できない」と定めていることが参考になる。このような規定をもっているフランス憲法上、大統領の独裁を担保することになりうる第一六条（大統領非常権限）が発動されている場合[7]には、憲法改正を行うことはできないと考えられている。フランスの憲法院は、憲法第一六条・第八九条四項から「憲法改正に着手しまたはこれを継続することができない期間」があることを肯定している[8]。このような例に照らしてみれば、安倍首相の発言は国際的にみても非常識な憲法論であったといって間違いない。最悪の惨事便乗といえる。

もっとも名うての改憲論者である安倍首相も、さすがにCOVID-19対策を差し措いて改憲論議を始めようとは言わなかった。しかし、それでは別のタイミングならよいのか？というと、そうではない。COVID-19対策に限らず一般に感染症拡大防止のための手段として、憲法に緊急事態条項を設けるのは不要であるばかりでなく危険でもあるからである。

（2）緊急事態のイメージ操作

冒頭に確認したように、憲法論上の緊急事態と特措法上の緊急事態とは次元の異なる事態である。改憲論者は、これまで憲法上の緊急事態条項の必要性を大規模自然災害を引き合いに出しながら主張して、二つの緊急事態の本質的な違いを曖昧にする悪質なイメージ操作を繰り返してきた。この点がまず批判されなければならない。

今回、改憲派は、COVID-19を奇貨として、そこに現れた緊急事態宣言待望論のような「街の声」を追い風にして、イメージ操作を駆使しつつ、憲法に緊急事態条項を設ける必要性をアピールした。

安倍自公政権は、「日本モデル」なるものの成功を盛んに喧伝したが、それには緊急事態条項の安全性や有効性をアピールして改憲への地ならしをする意味もあったようにみえる。もっとも、「日本モデル」成功論は、そもそもモデルそのものが何を差すのかも明らかでないため、失笑を買うだけの自画自賛に終わり、訴求力を持たなかったといってよいであろう。

（3）緊急事態条項の本質

憲法上の緊急事態条項をどうみるべきか、悪質なイメージ操作に騙されないよう注意深く考えなければならない。

①国家の存立維持という目的

緊急事態条項（国家緊急権）は、平時の立憲的な憲法秩序の回復を究極の目的とするが、その直接の目的は国家の存立を維持することである。そこで、国家の存立維持とは何を意味するのかを問わなければならない。この点について参照されるべき鋭い指摘をケルゼンが次のように行っている。「国家は『生存』しなければならないという殊勝な断言の背後には、多くは次のような無遠慮な意志だけが隠れている。それは、国家は、『国家緊急権』というものを是認させてこれを利用する人々が正しいと思うように、生存しなければならないという意志である」(9)。ここに指摘されているような緊急事態条項の濫用の危険は、数々の歴史的事実によって裏付けられている。その例は、戦前の日本にもある。

国家緊急権は、国民代表機関である国会での審議をぬきにして行政権や軍隊が活動することを正当化する権限であるから、国家緊急権を「利用する人々が正しいと思う」ことが多数の人民の正しいと思うことと同一となる保証はない。とくに政治制度が社会の多数の意思を反映しない仕組みになっていたり、またそうなるように運用される場合には、この不一致は必然的に生じる。まさに、小選挙区中心の現在の日本の選挙制度の下で起きている事態である。似而非政治的多数派によって問答無用式に緊急事態が認定され、対策が講じられるとき、執られる措置は多数の人民本位のものにはならない。

②緊急事態の本質

緊急事態条項の本質を考えるとき、国家やその存立維持という目的に対して向けられるべき警戒の眼は、緊急事態にも向けられなければならない。

緊急事態条項が想定するケースとしては、通常、戦争・内乱・経済恐慌・大規模自然災害が挙げられる。いずれも「緊急の対策を講じなければならない事態」ではあるが、その点を除けば同日の論ではでない。

発生根拠に着目すると、戦争・内乱・経済恐慌は社会現象である。このうち、戦争・内乱は、国内外における政治的対立の暴力による解決方法であるから、文字どおり不意に勃発することはない。内政や外交の失敗の結果として軍事的緊張が高まったときに失政の責任者に国家緊急権を委ねることは、危険をいっそう大きくし切迫させ、最悪の場合に人民を軍事紛争に巻き込むことになる。恐慌にしても同様である。現代国家は、国民経済の円満な発展の一端を担うことのできる経済的力能を備え、またそのための経済・財政・金融政策を行うことを憲法上の公共の福祉として要請される。経済恐慌ないし危機が、国家の経済政策と無関係でないことは否定できない。したがって、経済恐慌の際に国家緊急権を発動することは、やはり失敗の責任者に事態の収束を委ねることを意味するのである。戦争・内乱・恐慌の発生根拠や責任を不問に付すことは、それらを社会現象ではなく自然現象のように捉える誤りである。そのような扱いは、緊急事態条項（国家緊急権）を「利用する人々が正しいと思うように」国家を生存させること、つまりはその人々にとって都合のよいように政治や社会を動かすことを正当化する。

他方、自然災害の場合、発生原因そのものは人事を超えるものであるが、その点だけに目を奪われるならば、問題を見失うことになろう。自然現象によって発生する被害は人事を超えるものばかりではなく、人災というべき被害もある。また応急・復旧・復興それぞれの段階でどのような措置を執るべきかは、けっして一義的に明白なことではなく、多様なニーズや利益の衡量を差しおいて決定できることではない。そのような問題が国家緊急権を利用する人々の「無遠慮な意志」に委ねられるならば、執られる措置は被災者本位からかけ離れたものになりかねない。自然災害をもっぱら自然現象とみることもまた、緊急事態条項（国家緊急権）を行使する人々にとって都合のよいように政治や社会を動かすことを正当化することになる。

（4）感染症対策と緊急事態条項の不要性・危険性

感染症拡大は、飽くなき経済活動の一環として行われた自然開発によって人間が未知の病原体と遭遇したことによるという一面は否定できないから、たとえば大地震と同列に論じることはできない点がある。しかし、発生原因そのものが人事を超える自然災害に類似の事象といえる。

感染症拡大の危機に際して何をなすべきか。いうまでもなく、感染症拡大防止のために公衆衛生上必要な措置を遅滞なく確実に行うことである。そのかぎりで、戦争・内乱・恐慌のような社会現象とは違って、活路は一義的に明確である。

なすべきことは、それとともに医療崩壊はもちろん社会崩壊を防ぐための対策をとることであり、そうした対策を日本国籍保持者のみならず感染症の危険に曝されている全ての個人に届けることである。そのために必要なことは予め体制を準備しておくことである。

いざというときに国や地方公共団体が遅滞なく適切に対応するためには法令が必要である。それがなければ場当たり的な対応に終始することになる。「生命、自由及び幸福追求に対する国民の権利」（一三条）を立法その他の国政上最大限尊重するとし、「国は、すべての生活部面について、社会福祉、社会保障及び公衆衛生の向上及び増進に努めなければならない」（二五条二項）と定める憲法が感染症対策の妨げになることはなく、むしろその根拠となる。

他方、憲法に緊急事態条項があったとしても、それには泥縄式の対応しか望めない。「法律では私権制限が十分できない」というような議論があるが、そもそもそれも違う。例えば、やむを得ないと認められる場合に延焼のおそれのある家屋等を壊すことを認めている消防法第二九条が憲法上問題となることなどない。緊急事態条項がないかぎり私権制限ができないなどという憲法論はありえないのである。

COVID-19危機のなか、安倍自公政権は数々の失政・愚策を重ねてきた。COVID-19危機がもたらした憲法問題は、緊急事態条項がない憲法の下で起きたことである。もしも憲法に緊急事態条項があって、このCOVID-19危機に際して発動されていたらどうなっていたか？　憲法の効力が停止されているなかで、必要な情報も補償もなく自粛という名の萎縮を余儀なくされ、生活上・健康上の不利益を被る人民は、その不利益を憲法上の権利侵害として声を上げることもできず、政府をコントロールすべき国会も機能停止状態に置かれる。最悪の場合、このような事態に陥ることが考えられるのである。実際には、憲法に緊急事態条項がなく、憲法が効力を発揮しているからこそ、人民は、権利を主張し、政府を批判し、国会もその声を受けた野党の活動によって一定程度政府を動かすことができたのである。

憲法論上の緊急事態条項は、憲法を停止して行政権にフリーハンドを付与する。改憲論者は、これが魔法の杖のように国難を一気に解決するかのようなデマを流す。しかし、COVID-19危機に際して後手後手に回った安倍自公政権は、そのようなフリーハンドのイメージが幻想であることを示している。現行憲法と特措法の下でできるはずのことができなかったというよりもしなかったのに、憲法に緊急事態条項があればできることになどなるはずがない。行政のフリーハンドは、権限濫用の危険だけでなく不作為の危険も意味する。第一波への安倍自公政権の対応は、そうしたことを明らかにしたといえる。

大規模自然災害対策を趣旨に掲げる緊急事態改憲論は、改憲反対の民意を改憲アレルギーとみなし、これを解消して九条改憲に道を開くことをもくろむものとみられる。これは間違いないが、それだけではなく、今後も予想される大規模自然災害や感染症の対策を支配層本位のやり方で「解決」する梃子として緊急事態条項が重視されていることもたしかであろう。

五　むすび

人間本位のパンデミック対策には、強い行政権ましてや国家緊急権は無用である。二〇二〇年四月二三日、アントニオ＝グテーレス国連事務総長は、ビデオメッセージのなかで、「権威主義の高まり」に警鐘を鳴らし、各国政府がよりいっそう「透明性をもち、迅速に対応し、説明責任を果たさなければ」ならないことを強調して、「最善の対応は、人権と法の支配を守りながら、切迫した脅威に比例した対応を取ること」だと訴えた。日本の場合、まさしく憲法に基づく対応こそ、この危機からの人間本位の活路を見出す近道である。

しかし、安倍首相辞職の後を継いだ菅首相は、前政権の路線を引き継ぐことを明言し、自助・共助・公助という新自由主義のスローガンを掲げた。Go To キャンペーンによって第三波を招き寄せながら、感染者増加を人民の気の緩みのせいとする自己責任論はまさに新自由主義の立場そのものである。Go To Eat 政策に固執して場当たり的に出てきたマスクをしながらの外食の勧めは、経済最優先の無為無策の極みである。これには、自民党に近い医師会からも強い批判が出てきただけでなく、二〇二〇年二月一六日に発足させた専門家会議を七月三日に突如廃止してわざわざ新設した「新型コロナウイルス感染症対策分科会」においても批判が出てきた。遂に菅政権は、Go To トラベルキャンペーンの一定の見直しを余儀なくされたが、「コロナ対策と経済との両立」という名目の下の経済優先と自助・自己責任論に根本的変更を行うことなく、臨時国会を閉じてしまった。

COVID-19 危機を通じて、新自由主義の政治がもたらす害悪はいっそう明らかになっている。それは、立場を超えて幅広い人々により認識されつつある(10)。

現在の COVID-19 危機は、新自由主義政治の枠組のなかで危機管理能力のない政権がもたらしている。そこからの人間本位の活路は、単なる政権交代では開かれない。新自由主義と決別し、立憲主義すなわち憲法に基く政治を実現する政権の誕生が、COVID-19 危機からの真の活路を開き、ポスト＝コロナ社会を災害や感染症に強い社会とし、また戦争しない国家を導くことになろう。

〔付記〕本稿は、二〇二〇年一〇月三日にオンラインで行われた関西唯物論研究会シンポジウム「コロナ危機と現代社会」において筆者が行った報告「COVID-19危機と人権・民主主義―憲法に沿った新自由主義からの転換を」の原稿に加筆・修正を施したものである。これによって、本稿は、用意した原稿を端折って行った当日の報告内容を補うとともに、その後の事態の推移を不十分ながらふまえたものとなっており、タイトルも変更した。

（二〇二〇年一二月三〇日脱稿）

注

(1) 参照、加藤哲郎『パンデミックの政治学』（花伝社、二〇二〇年）一一〇頁。

(2) 参照、「しんぶん赤旗」二〇二〇年五月二七日。

(3) 参照、渡辺治『安倍政権の終焉と新自由主義政治、改憲のゆくえ』（旬報社、二〇二〇年）五六頁以下。

(4) 参照、加藤哲郎・前掲書五七頁以下。

(5) 参照、永田秀樹・倉持孝司・長岡徹・村田尚紀・倉田原志『講義・憲法学』（法律文化社、二〇一八年）三三五頁以下（村田執筆）。

(6) 最近の例として、大阪都構想の住民投票が、府知事に対する人気投票にすり替えられそうになったことが想起されるべきである。

(7) 現在フランスでCOVID-19対策として発動されているいわゆる衛生緊急状態は、憲法一六条に基くものではない。

(8) 参照、村田尚紀『比較の眼でみる憲法』（北大路書房、二〇一八年）一九六～一九七頁。

(9) ケルゼン『一般国家学』清宮四郎訳（岩波書店、一九七一年）二六二～二六三頁、Hans Kelsen, Allgemeine Staatslehre, Verlag von Julius Springer. 1925, S.157.

(10) たとえば、ポストコロナの経済政策の枠組みとして、二〇〇〇年代初頭をピークとした自由放任から中道回帰を展望し、国家が「企業や富裕層への課税能力を取り戻すこと」、「国際資本移動の制限」の重要性を指摘する元日銀理事の論考として、早川英男「コロナ後世界の政策レジームを考える」學士会会報、九四五号、一三頁以下。

（むらた ひさのり・関西大学教授・憲法）

論文

ケアの倫理と依存の承認
——人間(性)と動物(性)との関係から尊厳を考える——

内藤葉子

Ⅰ　はじめに

二〇二〇年七月、筋萎縮性側索硬化症（ＡＬＳ）患者への元厚労省医系技官ら二名の医師による嘱託殺人が起きた。ＳＮＳなどにおいては、重度障碍者の死は「理解」され「仕方のないもの」と「納得」される傾向がみられた。また日本維新の会はこの事件を受け、政務調査会に尊厳死を考えるプロジェクトチームを設置すると発表した[1]。なぜ重度障碍者の死は、悼まれつつも「仕方がないもの」とされるのか。なぜ「尊厳死」や「死ぬ権利」とすぐに結びつけられてしまうのか。健常者の自死であればそのような議論には発展しないだろう。この非対称な関係性をどう見ればよいのか。

もう一つ、二〇二〇年を覆った新型コロナウィルスの感染拡大もまた、社会がすでに内包していた「偏り」を顕在化させている。ウィルス感染した場合の死亡・重症化のリスクは圧倒的に高齢者・基礎疾患をもつ人びとに現れている。経済危機による失業・収入の低下は非正規雇用、とくにその働き方の多くを占める女性において深刻化している。ロックダウンや学校閉鎖措置は、家庭で子どもたちの面倒をみることに対応せざるをえず、やはり女性により多くの負担がかかる傾向がある。一一月には女性の自殺者数が二〇一九年度の約二倍になったというデータが出された[2]。医療現場には負担が重くのしかかっているが、そこで圧倒的多数を占めるのは女性が九割を占める看護師・准看護師である[3]。コロナ禍は、ケアを必要とする人びと、ケアを与える人びととの困難さや苦境をあらわにした。

ケアという営みにはもともとジェンダーの問題が絡んでいる。乳幼児、障碍者、傷病者、死期のせまった人、高齢者へのケアは、女性が家の中で無償で行ってきたものであるからだ。この経験的事実は、家庭においてケアを担う女性の労働市場における二流労働者化をもたらし、ひいては賃金格差や老齢年金のジェンダー・ギャップを生み出してきた。また福祉や保育といった女性が多く働く職域での低賃金問題にも関連する。母子家庭の貧困問題も無関係ではない。この社会においては、ケアを必要とする者とケアを担う者は経済的・政治的・社会的に周辺化される傾向がある。コロナ禍は、年齢・職種・労働環境・基礎疾患や傷病の有無の他、ジェンダーの点でも、この社会に潜む歪《ひず》みをいっそう浮き彫りにしている。

この歪みが生じる要因の一つとして、自立していること、自己決定できること、理性が働くことに高い価値を置くリベラリズムの思想的伝統を指摘できるだろう。リベラリズムは自立・独立・自活（independence）を重視し、その能力をもつことと人間の「尊厳」を強く結びつけてきた。自立が尊厳と結びつけられるところでは、依存は「尊厳の損なわれた状態」とされるだろう。こうした思想的伝統に対して、「ケアの倫理」は乳児と母の関係を原型に、子ども・高齢者・障碍者・病人ら依存者とケアする人びとの関係に焦点を当て、人間の根源的な「傷つきやすさ（vulnerability）」と「依存（dependence）」の意味について考えてきた（cf. Kittay 1999=2010; 内藤 2010; 内藤 2019）。

本稿では人間（性）と動物（性）との関係を手掛かりに人間の尊厳を検討することで、依存およびケアという営みの意義を考察する。そのさい、動物の解放や動物の権利・福祉に関する議論に示唆を得ながら、能力主義の問題を検討する。そのうえで動物としての人間の尊厳、ケアを与え受けとることとの重要性、依存の社会的承認に関するA・マッキンタイアらの議論を辿りながら、リベラリズムが前提にする能力と結びついた尊厳の捉え方とは異なるところに人間の尊厳を見出すことはできるのかについて探究する[4]。

Ⅱ　理性的動物と理性なき動物の思想史

「薬物依存」「アルコール依存」「依存的な人」という表現に否定的なニュアンスがつきまとうように、「依存」は一般的によい意味では捉えられていない。しかしなぜ「依存」とみなされる状況はよくないこと、恥ずかしいこととみなされてしまうのだろうか。そこには理性的な主体の自由や自律を尊重するリベラリズムが、自立と依存の関係をどのように捉えてきたかが関係するだろう。その関係は、男性と女性、西洋人と植民地の人間、主人と奴隷、大人と子どもといった優劣を伴う二項対立にも当てはめられてきた。ここではとくに、自立した存在者たる人間と、自立した存在者たりえない動物との対比を取り上げる。

人間と動植物の関係については古くはアリストテレスが、植物から動物へ、そして理性と思考能力をもつ人間へという位階秩序として論じた。のちにアリストテレス哲学はユダヤ・キリスト教と融合し、神に似せて創られたとされる人間を頂点とする位階秩序として焼き直された。近代に入ると、デカルトが「生命」を力学的に説明することで、動物を自動機械とする動物機械論を論じた（野田 1966: 150ff.; フォントネ 2018: 274-287）。もちろん人間の身体もまた「延長」であり「自動機械」でもあるが、言語と理性（精神）を有する点をもって人間は動物と区別され、優位に置かれた。

一八世紀にはカントが人間を動物から区別し、人間のなかの動物性からも区別する議論を展開した。人間の自由は、普遍的な道徳法則（道徳的主体はつねに同時に目的として扱われるべきであり、決して手段として扱われるべきではない）に自らの「意思」で服従するところにある。カントにおいては、道徳法則に従う「自律」のゆえに「人格」は「尊厳」をもつ。道徳法則に無条件に服従する理性的存在者は感性界に属さず、ひいては欲求や傾向性に服するものではないとされた（cf. カント 2007（1990））。

> 人間が自我を表象することができるということは、人間を地上のあらゆる他の生物より以上に限りなく高めるものである。このことによって人間は人格となるのであり、しかも人間は、その意識にどんな変化がふりかかろうと意識自身は単一であることのゆえに、同一の人格なのである。すなわち人間は、理性をもたぬ獣のようなたぐいの、人が思うままにとり扱うことのできるものから、地位と尊厳とにおいて全く区別された存在者である（カント 1966: 29）。

人間とは「生物的自然の体系」のなかで、「自分で設定した目的に従って自己を完成する能力をもったもの」、「自ら創造するところの性格をもつもの」であり、カントはそれを「理性能力を賦与された動物（animal rationabile）」

「理性的動物（animal rationale）」と呼んだ（カント 1966: 318）。彼は人間のなかの動物性を否定するわけではないが、それから脱して人間性へと向かうべきものと考えていた。しかし、理性的動物である人間を「人格」として、その他の理性なき動物を「物／物件」として位置づけるカントの枠組みのなかでは、動物の知性・知覚能力・社会性は過小評価され、その「尊厳」は欠落することになる（cf. デリダ 2014: 174-175, 185; フォントネ 2018: 521-522）。

デカルトやカントのこうした議論が思弁的なものであったとしても、経験的なレベルでは、人間を動物よりも優位に置くという人間中心主義は、動物のみならず、人間のなかのある特定の集団に対しても動物性を割り振ってきた。たとえば、キリスト教を知らず動物のような言葉しか話さない野蛮な原住民、獣的な性欲と獰猛な性質をもつ黒人、自分の行動をコントロールできない子ども、雌ブタのように孕む女、無教養で無知でウマのように働くだけの貧民、内なる野獣性にとりつかれた狂人――こうした人びとは、動物のように扱われ家畜のように馴致されることも当然とされた。もちろん時代を経るにつれて、同情という感情が生まれ、またペットに愛情を注ぐなど、動物に対する人間の態度は洗練されたものとなってくる（トマス 1989: 51ff., 142ff., 209ff.）。しかしその場合でも人間を優位に置く前提がそう簡単に払拭されたわけではなかった。E・F・キテイは、「歴史的に認知障碍者に「獣の顔」を与えてきたことが〔彼らを〕虐待し無視することを許容してきた」し、「そうした虐待は今日においてすら衰えずに続いている」と批判的に指摘している（Kittay 2010: 400）。

Ⅲ　動物と能力主義

1．種差別批判と能力主義

ケアの倫理から平等の問題を考え直すキテイの哲学に、娘セーシャの存在は大きな影響を与えている（セーシャは誰かのケアを生涯にわたって必要とする人びとのうちの一人である）。キテイはあるシンポジウム（「認知障碍―道徳哲学への挑戦」）の場で、P・シンガーやJ・マクマハンから「人間以外の動物はわたしたちの誰にも道徳的要請をすることができないのに、あなたの娘さんのような人びとがほかの人びとに道徳的要請をするというのはどういうことなのか」と追及された（Kittay 2010: 407-409）。

シンガーは「種差別」（speciesism）を批判し、動物の福祉、動物の解放を論じる第一人者である。彼は動物に対する人間の優越性を批判する。人間は動物よりも理性的で自覚的で正義感覚の能力をもつとされるが、すべての人間がそうした潜在的能力をもつわけではない。人間のなかには理性的でも自覚的でもなく、正義感覚も有していないものが存在する。人間の「人格の神聖性」を絶対視するのではなく、人間以外の動物（nonhuman-animals）にも人格を認める余地を開かなくてはならない。また彼は、苦痛を感じる能力とそれに基づいた利益を強調する。利益に対しては平等な配慮がなされなくてはならない。だから人間に対して苦痛を与えることが悪いことならば、動物に対しても同様であり、それを認めないのは人種差別や女性差別と同じである。それゆえ、苦痛を感じる能力をもつブタは道徳的関心の対象になるが、レタスはそうではないということになる（Singer 2004: 78-80=105-107）。

彼は、人間以外の動物を含めて自己同一性の認められる知性的存在者に人格を認め、苦痛や快を感じる能力を基準にすることで、故意に障害を負わせる動物実験や食肉のための大規模な屠殺に異議を唱える。この主張のために彼は同時に、絶対的依存の状態におかれる障碍者を人間以外の動物に近いところに格下げして、その人格や感覚の能力を否定、もしくは限定的にしか認められないとする議論を展開する。「人間と人間以外の種との違いは種類の違いというよりも程度の違い」しかないからである（シンガー 1998: 234; cf. シンガー 1999: 67ff.）。

しかしこの議論においては、人間と人間の間にも「程度の違い」を見出すことで、人間存在の原理的な「平等」という政治的価値は相対化されるだろう。シンガーやマクマハンによってなされた重度障碍者の「客体化」「脱人間化」に対して、キテイは「人間であることは能力の束ではない」と反論して、「道徳的地位は認知能力や心理的能力や他の種類の能力のリストに基づく（べきだ）という考え」を拒否した（Kittay 2010: 400, 408）。

2. 動物と能力主義

この能力主義の問題をどのように考えればよいのか。動物の権利や福祉を論じる文脈においても、能力主義の問題を批判的に捉える立場がある。L・J・ロジャースとG・カプランは、新デカルト派（自己認知を含む「考えること」「知性」と「考えないこと」「機械」とのあいだに境界を見出す立場）の二つの傾向を指摘する。

第一の傾向は、霊長類の理解力の限界を明らかにすることに焦点をあてる研究群である。それは、類人猿は「心は空っぽ（empty mind）」なので論理的思考ができないとするものである。第二の傾向は動物解放の潮流である。このなかに、認知能力を得点化することで大型霊長類、オウム、ゾウ、イルカ、クジラにも法的権利を与えようという議論がある（cf. Wise 2004=2013）。それはそれぞれの認知能力を得点化し、法的権利を与える種と与えない種を分断する点を決定しようとする。権利は生命の尊重そのものから導かれるのではなく、これらの基準を満たすかどうかにかかってくることになり、基準を満たさない動物はふたたび「物」として漂流することになる。人間とのつながりが近いほど、その種が基準に達する可能性は高くなるだろう。ロジャースとカプランは、この「霊長類中心主義の見方（primatecentric view）」を「成績達成度によるランクづけ症候群」と批判している（Rogers and Kaplan 2004: 194-195=264-267）。

生物学者である彼女らは、地球上に何千何万という生物種がいるのに、なぜ人間に近く、またその能力も近い霊長類が優先的に動物の権利の対象となるのかと疑問を呈している。同様に、人間向けに作った知能テストを援用することで、類人猿は同年代の人間よりもつねに低い成績をとることになるし、またそうしたテストは「他の動物に比べて人間に近い動物がいる」といっているにすぎないのではないかとも問いかけている（ロジャース 1999: 224-225）。動物の権利や解放を唱える潮流が、動物の能力を人間にとっての合理的な判断基準から測定することで動物の選別を行うのだとしたら、こうした種差別を批判する立場にも、実は人間中心主義が底流に潜んでいることになるだろう。

3. 動物としての人間の尊厳

能力主義の問題は、人間の尊厳の根拠をどこに見出せるのかという問いに関わる。能力と尊厳を切り離すことはできるのだろうか。E・アンダーソンは、動物の権利や動物の福祉を唱える派に対して、その「単純な方法」を批判する。彼女は利益や権利を、能力からよりも「種のメンバーシップ」から考えようとする。動物にとって利益になることは、その「種にとっての通常の生」を送ることであり、それは「種のメンバーシップ」と切り離せないという。たとえば、言語能力が十分ではない人びとある動物の言語能力が同じ程度であったとしても、言語を習得することに対する利益は同じではない。人間は言語を必要とするため、言語能力が限定されることは、人間にとっては不利益をもたらす。だから人間は言語を教わるという道徳的権利をもつ。しかしチンパンジーが人間の言語を習得する必要はないし、種のメンバーシップやその種に特有の生き方とも関わるものではない（Anderson 2004: 281=372-373）。

アンダーソンは道徳的権利は「意味のシステム」と切り離せないという。道徳的権利は生物の能力から直ちにでてくるのではなく、「社会関係と社会的意味の複雑なシステムの内部」においてはじめて意味をもつ。それは自然的・社会的関係や歴史的背景条件にも関わるものである。家畜と野生動物の違い、人間の生活圏に編入されたペットや動物園にいる生物、環境保護と外来種生物・野生動物との関係、食肉のための捕獲がその地域の人びとの生存可能性と関わっていることなど、どの権利がどの生物に拡張されるのかは社会的文脈や歴史的背景の条件によって異なってくる。「異なる権利は異なる社会的文脈において出現する」し、「それを単純化する簡単な方法は存在しない」（Anderson 2004: 282-283, 290=374-375, 385）。それを道徳的に考慮するための一元的な基準はないのである。

さらに人間という種のメンバーシップには人間の尊厳が関わってくる。それは人間に特有の意味のシステムに関わるものであり、動物を人間と同じ地位につけるものではない。アンダーソンはM・C・ヌスバウムの議論を引合いに出しながら、「人間の動物的身体に付随する尊厳の形式」を強調する。認知症患者や重度障碍者が、排泄・衣服・食事・清潔さの点でその身体を適切な形で扱われること、「人間の身体が尊重され、嫌悪の領域から保護され、見苦しくない文化的な場所に置かれること」は「人間の動物的な尊厳（the animal dignity of humans）」に関わることであるという（Anderson 2004: 282=374）。人間の社会関係、その意味のシステムに適合するように身体を整えることは、人間が他者と出会うことを前提としている。人間が他の人間との関係性のなかで生きることは、その種のメンバーシップに本質的に備わるものなのである。この関係性のなかで人間の動物的な尊厳を尊重することは、人間の生に特有の在り方が能力からのみ規定されるものではないという事実に関わっている。

この観点は重要である。能力主義に還元される議論の問題とは何か。人間を含む動物の利益をもつ能力に客観的基準を置くことは、能力の有無や高低という合理的な判断基準に基づいて、人間を含む動物を一元的に序列化することにつながる。それはある能力をもつ以外・以前に人間と動物が共有するもの、あるいは共有しないものを不可視化してしまうだろう。（さらにいえば、種のメンバーシップの違いゆえに、人間がこの他者について究極的には知りえない〈何か〉を思考する道も閉ざされる。能力主義は、この理解不可能性という困難さそのものに向き合う姿勢をも後退させてしまうことになるだろう。(5)

Ⅳ　依存の承認──マッキンタイア「依存する理性的動物（dependent rational animals）」を中心に

1．『依存的な理性的動物』とケアの倫理

人間が人間以外の動物と共有するもの、あるいは共有しないものについて能力主義から離れて考えるために、さらにA・マッキンタイアの議論に目を向ける。彼は『依存的な理性的動物』（一九九九年）で、人間（human beings）の「傷つきやすさ」と「受苦」に関する事実、それに関連した特定の他者への「依存」から道徳哲学を再構成しようとする。彼によると、道徳哲学の伝統は道徳的行為者を理性的で健康な存在として描いてきた。障碍について考えるときでも「障碍者」のことを「彼ら」とみなし、自分たちのことととは考えてこなかった。病気や老齢の状態にある人びとの物の見方を見過ごすことも常であった。他者への依存も一般論的には受け入れるにせよ、それが人間の傷つきやすさや受苦に由来するものであるとは理解してこなかった。依存の問題についてマッキンタイアは、フェミニストの哲学者や思想家から影響を受けていると明言している。V・ヘルドやキテイの名を挙げて、女性の立場の無視と軽視が、依存の事実を無視しようとする男性側の企てと結びついていること、また母子の関係が道徳的諸関係の範型として重要な役割を果たしていることを認めている（MacIntyre 1999: 1-3=1-4）。

この「トマス主義的アリストテレス主義者」は自らの従来の哲学的立場を反省する。(6) とくにアリストテレスについては、かつてその生物主義を退けたことを自己批判する一方で、その男性的徳としての自立への強い価値づけを批判している。またアリストテレスよりもトマス・アクィナスを再評価するにいたっている。マッキンタイアは人間における動物性を捉えなおし、社会の道徳的基盤としての「依存の承認」について論じている。ここにはケアの倫理との興味深い接点が見出せるのである。

2．人間と人間以外の動物の連続性と類似性

マッキンタイアは、人間と人間以外の動物との関係に境界線をもちこむのではなく、その連続的な側面を積極的に

捉えようとする。人間の活動は、これまでの哲学が論じてきたことよりもずっと動物的なものであると主張する。人間と動物のあいだの違いではなく、共通項に注目するのである。彼は言語をもつ動物と言語をもたない動物という相違を過小評価するわけではないのだが、従来の哲学がその相違点のみを排他的に強調することによって、不可視化してきたものがあるという。ヴィトゲンシュタイン、オースティン、クワイン、デイヴィドソンの系譜とフッサール、ハイデガー、ガダマーの系譜の差異をふまえながらも、両系譜は、人間に特有のある種の能力（思考や信念を抱く能力、理由にもとづいて行為する能力、概念を形成し使用する能力）を探究の対象とした点で共通している。しかしそこで曖昧にされているのは、人間以外の動物の知的活動と、言語による人間の実践的合理性との間にある「連続性と類似性の意義」である（MacIntyre 1999: 12-13, 50=14-15, 68）。

人間と人間以外の動物の連続性と類似性をさぐるために、マッキンタイアはイルカを例にとる。イルカが示す前言語的な表現能力、認知の仕方、誤った認知の訂正の仕方、意図を伴った活動、仲間との協働などを描写しながら、言語という人間に特有のものとされる能力は、人間以外の知的な種のメンバーと共有する動物的な能力の延長上にあり、それらに基礎を置いているのだという。この世界に生まれた人が世界に対してとる身体的な振る舞いもまた、動物としての振る舞いである。「わたしたちは自分たちの動物的本性やその遺産から自身を独立させることは決してない」。だから言語使用者としての人間の本性とは、動物としての人間の本性の部分的な変形物にすぎない。人間と違い、動物は思考や信念や行動の理由をもちえないという哲学者たちの主張を前提にすることは、人間の思考もまた一つの動物の種がもつ思考であることを忘却している。人間を動物とは異なる存在であり、「たんなる」動物性という条件を免れたものとするのは、「自己理解の不完全な方法」であり、その「存在の身体的諸次元」を把握しそこねているのである（MacIntyre 1999: 4, 48-50=5, 65-68）。

3．潜在的脅威と無条件のケア

それでは人間と人間以外の動物の違いはどこに存在するのか。マッキンタイアはそれを、人間が身体的欲求から善を認知する段階、「自己が抱く欲求から自分自身を切り離し、「なぜわたしはあれでなくこれをすべきなのか」と価値を比較衡量する状態に入る段階に見出している。この「推論能力（the powers of reasoning）」(7)を発揮できることが人間の全面的「開花（flourish）[8]」に欠かせない要素の一つである。それゆえに、この能力の育成が妨げられたり抑圧されたり損なわれたりすることは、人間にとっての潜在的脅威となる。病気、けが、捕食者、栄養不良、飢え、これらに晒されることは人間にとってもイルカにとっても潜在的脅威である。この脅威から保護され生存の可能性を高めるために、種それぞれのやり方がある。それに加えて人間の子どもにとっては、言語能力の発達、比較衡量する能力の発達を妨げる要因や状況も関わってくる。脳に適切な刺激を与えそこなうこと、知能の遅れ、自閉症、不安をうみだすような安全でない状況、子どもがその攻撃性や恐怖心や根拠の乏しい期待感を制御できるようになることを妨げる状況などである（MacIntyre 1999: 72=97-98）。それゆえ人間はこうした潜在的脅威からの保護もニーズとしてもつことになる。

わたしたちを、わたしたちが現にそうなりえたところの自立した実践的推論者（independent practical reasoners）」にするために必要とされた種類のケアは、それが効果のあるものとなるためには、その結果がどうであれ、人間そのものに対する無条件のケアでなければならなかった（MacIntyre 1999: 100=139）。

人間が動物と共有する傷つきやすさ、そして人間に特有の傷つきやすさがあり、それらから保護されることが「開花」にとっての条件となる。人間にとっては、他者と議論し、他者から学ぶことが開花のために必要な条件となる。だからこの推論能力が損なわれたり、その行使が妨げられたり抑圧されたりすることが、人に特有の潜在的脅威となる（MacIntyre 1999: 67-68=90-91）。この点において、ケアは決定的に重要である。わたしたちは、自分がかつて依存しケアを与えてくれた特定の他者がいたからこそ、この能力を発展させることができるからだ。わたしたちは、多くの哲学が前提とするような、最初から成人の「自立した実践的推論者」として現れるのではなく、幼年期からの成長のプロセスのなかで得た経験や関係性を捨てることのできないものとして携えながら、そうした存在になっていく（MacIntyre 1999: 81-82=109-110）。ここには依存と自立を対立的に捉えるのではない思考がある。わたしたちは特定の他者からケアを与えられ、今度は自らが誰かにケアを与え、また他者からケアを与えられるものとして存在する。依存と自立の程度は漸次的に変化し、ときには重なりあって、個人と社会とを連関しながら、人間という種に特有の在り方を形成しているのである。

４．与えることと受けとること

しかしながら、自立に強度の価値を与えてきた思想的伝統は、与えることは相手への侮辱になる、だから与えないし受けとらないという態度を示してきた。マッキンタイアはアリストテレス（そしてニーチェ）の名を挙げて、自らが与えたことは覚えているが、他者が自らに与えてくれた恩恵は思い出したがらない、他者への依存を忘れがちな人間の態度を「自足の幻想」と批判している（MacIntyre 1999: 127, 162ff.=182-183, 238ff.）。

これに対してマッキンタイアは、与えることと同じく、受けとることにも徳があるという(9)。与えることと受けとることの間に厳密なつりあいがとれることを期待することはできない。わたしたちは、他者が与えてくれたものにもとづいて、他者に与えるべきものをあらかじめ計算することはできない。この厳密な互恵関係ではない「与えることと受けとることの諸関係のネットワーク（a network of relationships of giving and receiving）」は、依存とケアを軸に人間の社会に広がっている（MacIntyre 1999: 99, 126-127=137, 182-183）。自立し能力があるがゆえに対等である者同士から社会が成り立つと捉えるのは、一面的で表層的な理解である。むしろ、自立し能力のある合理的な人間、生産性・計算可能性・利益に関わる領域は、ただそれだけで成立しているのではなく、依存とケアによって編み上げられたネットワークのなかの一部であると捉えるべきではないか。こうした観点から政治社会の規範的在り方についても再考される必要がある。

マッキンタイアはこの点についてどう述べているか。「与えることと受けとることの諸関係」にもとづいた政治社会とは、自立した実践的推論能力をもつ人びとと、まったく、あるいは限定的にしかそれをもたない人びとが（能力と意思をもつ代理人も含めて）意見を表明できる社会だという。たしかに、重度の障碍によって肉体的にも精神的にも無力化された存在は、負担すべきコストではありえても利益ではないという「強力な、そして現に広範な影響力をもつ見解」がある。しかし彼は、この見解に対して明確に否を唱えている。障碍をもつ人びととの関係を通じてしか学びえない事柄があるからである。彼は規範的な政治社会について次のように構想する。

わたしが思い描いているのは、〔……〕障碍者のニーズが適切に表明され満たされる方法についてのわたしたちの関心が、〔……〕ある特定の集団だけの特殊な関心ではなく、むしろ共通善の構想に不可欠な政治社会全体の関心であるということが当然視されているような政治社会である（MacIntyre 1999: 130=187）。

このような政治社会を想定するならば、依存者に対するケアが、社会の周辺部で不可視化された孤独な営みであってよいことには決してならないだろう。キテイは障碍をもつ子の親の在り方《ペアレントフッド》を次のように代弁している。

どんな子どもにも与えられることになっているのと同じケアに値する存在として、他の人たちが彼女〔セーシャ〕を尊重しないのなら、与えるというわたしの義務であるところのケアを、わたしは彼女に与えることができなくなる（Kittay 2010: 410）。

彼女は、能力に関わらず、すべての子どもが道徳的な人間性を認められ、等しくケアを与えられる存在であり、親と子の関係もまた深く道徳的なものであることを、社会が承認しなければならないという。マッキンタイアとキテイの議論からは、与えることにも受けとることにも意義を認め、依存とケアの価値を積極的に承認するような政治社会の構築が要請されているのである。

V　おわりに

尊厳死の議論の前提には、自立・自己決定・理性が欠けることは「尊厳」を損なうことだという考えがある。[10] 個人の能力に尊厳の根拠を見出すかぎり、そうした結論が導かれるのは当然なのかもしれない。しかしこうした論理でもって依存者の「死」に「尊厳」が結びつけられてしまうところでは、依存は否定的なものでしかなく、ケアもまた積極的な価値や意義をもつ営みとはみなされないだろう。ジェンダーの観点からみて歪みのある社会はこうした価値観と無縁ではない。

現在コロナ禍において、人びとを生存につなぎとめるケアに社会の全面的な関心が寄せられている。しかしそれを例外状況ゆえのこととするべきではない。依存を承認することについてマッキンタイアは、男性はもっと女性のようになる必要があると述べた（MacIntyre 1999: 164=241）。彼がこの点について多くを学んだという思想家の一人キテイは、「個人的なことは政治的である」というフェミニズムの標語に加えて、「個人的なことは哲学的であり、哲学的なことは政治的である」と主張している。本稿では、自立した、能力のある個人という人間像に対して、動物との関係、また人間のなかの動物性に焦点をあてることで、依存する動物としての人間の在り方に注目をした。人間が依存する動物でもあることと人間の尊厳を切り離さない哲学の構築がいっそう求められる。そしてそれだけでなく、依存という人間の本質を、政治社会の共通の価値として位置づけなおす政治哲学の構築もまた求められているのである。

参考文献

Anderson E. 2004 Animal Rights and the Values of Nonhuman Life, in: Sunstein and Nussbaum 2004（=2013「動物の権利と人間以外の生命の価値」）.

J・デリダ 2014『動物を追う、ゆえに私は（動物で）ある』M＝L・マレ編、鵜飼哲訳、筑摩書房。

Diamond C. 2004 Eating Meat and Eating People, in: Sunstein and Nussbaum 2004（=2013「肉食と人食」）.

C・ダイアモンド 2010「現実のむずかしさと哲学のむずかしさ」、C・ダイアモンド他『〈動物のいのち〉と哲学』中川雄一訳、春秋社。

E・ド・フォントネ 2018『動物たちの沈黙』石田和男・小幡谷友二・早川文敏訳、彩流社。

I・カント 1966「人間学」『カント全集　第一四巻』山下太郎・坂部恵訳、理想社。

―― 2007（1990）『実践理性批判』宇都宮芳明訳、以文社。

Kittay, E. F. 1999 *Love's Labor, Essays on Women, Equality, and Dependency*, Routledge（= 2010 岡野八代・牟田和恵監訳『愛の労働あるいは依存とケアの正義論』白澤社）.

―― 2010 The Personal Is Philosophical Is Political: A Philosopher and Mother of a Cognitively Disabled Person Sends Notes from the Battlefield, in: Kittay, E.F. and Carlson, L. ed., *Cognitive Disability and its Challenge to Moral Philosophy*, WILEY-BLACKWELL.

小松美彦 2012『生権力の歴史』青土社。

MacIntyre, A. 1999 *Dependent Rational Animals: Why Human Beings Need the Virtues*, Open Court, Chicago and La Salle（=2018 高島和哉訳『依存的な理性的動物』法政大学出版局）.

牧野広義 2019「重症障害児者と人間の尊厳」『障害者問題研究』第四七巻第二号。

内藤葉子 2010「依存する—アメリカ合衆国における福祉国

家の再構築をめぐって」『政治の発見① 生きる』風行社。
――2019「ケアの倫理とリベラリズム―自立か依存か」『女性学講演会 第二三期、大阪府立大学女性学研究センター。
野田又夫 1966『デカルト』岩波新書。
Okin, S. M. 1989 *Justice, Gender and the Family*, Basic Books（=2013 山根純佳・内藤準・久保田裕之訳『正義・ジェンダー・家族』岩波書店）
L・J・ロジャース 1999『意識する動物たち』長野敬・赤松眞紀訳、青土社。
Rogers L. J. and Kaplan G. 2004 All Animals Are *Not* Equal: The Interface between Scientific Knowledge and Legislation for Animal Rights, in: Sunstein and Nussbaum 2004（=2013「平等ではない動物たち」）.
P・シンガー 1998『生と死の倫理』樫則章訳、昭和堂。
――1999『実践の倫理（新版）』山内友三郎・塚崎智監訳、昭和堂。
Singer, P. 2004 Ethics beyond Species and beyond Instincts, in: Sunstein and Nussbaum 2004（=2013「種を超え、かつ直観を超える倫理」）.
Sunstein, C. R. and Nussbaum, M.C. ed., 2004 *Animal Rights: Current Debates and New Directions*, Oxford University Press（=2013 安部圭介・山本龍彦・大林啓吾監訳『動物の権利』尚学社）.
K・トマス 1989『人間と自然界』山内昶監訳、法政大学出版局。
Wise, S. M. 2004 Animal Rights, One Step at a Time, in: Sunstein and Nussbaum 2004（=2013「動物の権利、一歩ずつ着実に」）.

注

（1）「維新、尊厳死PT設置へ」二〇二〇年七月二九日時事ドットコムニュース。https://www.jiji.com/jc/article?k=2020072900915&g=pol（二〇二〇年一二月三〇日確認）。また同年三月三一日、二〇一六年におきた相模原障害者施設殺傷事件被告人の死刑判決が確定した。事件は「生産性のない人間は生きるに値しない」と語る被告人による凶行であり、優生思想との関連が指摘された。
（2）厚生労働省「自殺の統計」「警察庁の自殺統計に基づく自殺者数の推移等」https://www.mhlw.go.jp/content/202011-sokuhou.pdf（二〇二〇年一二月一八日確認）。短期的にみた数字であることに注意は必要である。
（3）「令和二年厚生労働白書」資料編「医療関係従事者数」（令和二年）によると、医師約三一万人（歯科医師を除く）に対して看護師約一二一万人、准看護士約三五万人である。https://www.mhlw.go.jp/wp/hakusyo/kousei/19-2/kousei-data/siryou/sh0202.html#sec02（二〇二〇年一二月一八日確認）。看護師・准看護師とも九割を女性が占める。（平成三〇年衛生行政報告例（就業医療関係者）の概況）https://www.mhlw.go.jp/toukei/saikin/hw/eisei/18/（二〇二〇年一二月二五日確認）。

（4）人間の尊厳については、小松（2012）、牧野（2019）を参照。

（5）C・ダイアモンドがシンガーらの議論を批判するのもこの点に関わるだろう。わたしたちは動物の肉を食べるが人間の肉は食べない。シンガーらの議論に欠けているのは、この意味をどう考えるかという点である。それは人間と人間以外の動物の「能力」という観点からは答えられない問いである（cf. Diamond 2004=2013）。また、動物をめぐる不正義について考えようとする人間が、その「現実」を一体どのように語ることができるのかについて逡巡する彼女の論考も重要である（cf. ダイアモンド 2010）。フォントネも動物の「沈黙」について、人間が動物の代弁者たろうとすることは「思いあがり」であると述べている（フォントネ 2018: 13-14）。

（6）S・M・オーキンによると、マッキンタイアは『美徳なき時代』（一九八一年）、『誰の正義？どの合理性？』（一九八八年）でアリストテレスとアクィナスに依拠して、西洋文化の背景をなす知の獲得によってのみ正義についての適切な推論が可能になると論じた。しかし、彼が評価する「善き生」は女性を含む多くの人びとを排除し、その排除に依存しているという事実を直視していない。それは「共有された価値」ではなく、支配層であるエリート男性兵士の価値にすぎないと彼女は批判した（Okin 1989: 41ff.=2013: 62ff.）。

（7）推論能力の特質には、第一に、自己の抱える欲求の直接性から自己を引き離す力、第二に、未来に関して現実的な選択肢を想像する能力、第三に、多様な善の種類を認識し、それらについて正しい実践的判断をくだす傾向性が挙げられる（MacIntyre 1999: 96=132）。

（8）「開花」とは「その種のメンバーとして所有している特徴的な諸能力を発展させること」であり、「善く生きること（*eu zen, bene vivere*）」の翻訳とされている（MacIntyre 1999: 64-65=85-86）

（9）この点についてマッキンタイアはアクィナスの「ミセリコルディア（*misericordia*）」を再評価する（MacIntyre 1999: 121ff.=172ff.）。ミセリコルディアとは、隣人の必要とするものを提供するさいの慈愛の一側面とされる。与えることと受けとることの関係にもとづいた共同体の徳を考えるさいの鍵概念となっている。

（10）福祉負担の軽減や臓器移植という目的と結びついた尊厳死の議論については、とくに小松（2012: 38ff.）を参照。

（ないとうようこ・大阪府立大学・政治思想史／ジェンダー論）

論　文

「性的マイノリティの人権」における特権的恩恵的人権イメージ

〈人権＝経済的主体〉と〈人権＝強者による弱者への「思いやり」〉への対抗に向けて

岸本貴士

はじめに

二〇一五年四月、東京都渋谷区は同性パートナーシップを認定制度として運用を始めた。自治体が同性パートナーシップを認定する画期的な制度であり、この動きは全国的に広がり、二〇二〇年一〇月時点で六〇の自治体が実施し、日本の人口に占める割合の二九％を超えたという[1]。この画期から「ＬＧＢＴ」という言葉が行政で多用され、各自治体で「ＬＧＢＴの基礎知識」のサイトや冊子を作成して市民への啓発活動が進められている。また、二〇一九年二月からは同性婚一斉訴訟も全国的に展開され、婚姻届の不受理が憲法上の人権侵害をしていると裁判闘争が進められている[2]。

同性どうしの関係性だけではなく、履歴書などの性別欄の撤回[3]に向けて、当事者や当事者を支援する団体等が運動を進め、実際に行政などを動かして成果を勝ち取っている。一九九〇年代ばから性的マイノリティの人権確立運動に関わった筆者としては二〇一〇年代の大転換に驚くばかりであるが、よく考えてみれば、筆者らの世代がゲイネスを受容して積極的に社会へ働きかけ、組織中軸に参画できる立場を得たからだろう。

当事者による運動が性的マイノリティの人権を可視化させ、具体的な制度をつくるなどの成果を得たことは大きな進展である。運動が権利確立の土壌を整備しつつある点を評価したいし、大いに広げるべきだと思いつつも、一方で、現場で直面する性的マイノリティの人権への視点が提起する〈人権イメージ〉を改めて検討すべきと強く感じる。それは、筆者は生活困窮者への相談援助や行政対応をするのだが、行政や社会の生活困窮者への人権をめぐる違和感からである。

　性的マイノリティも生活困窮者も同じ人権問題である。しかし前者が後者を凌駕する事象が起きている。なぜ前者は後者よりも人権の「格」が上なのか。人権に優先順位があるものなのか。今日の新自由主義な社会体制においてどう位置づくのか。

　こうした問題意識より性的マイノリティの人権を検討し、違和感をはじめ何がかかわっているのか整理するのが本稿の大きな目的である。

一　「性的マイノリティの人権」をめぐって
――二つの事例検討から

　さて、性的マイノリティの人権をめぐって二つの事例を比較検討してみたい。二つの事例とは、（1）性的マイノリティの人権と生活保護利用者の人権をめぐる比較検討、（2）性的マイノリティ当事者による人権への視座をめぐる事例である。これらから〈人権イメージ〉の一端の抽出を試みる。

（1）性的マイノリティの人権化と生活保護利用者との非人権化

　二〇一五年四月以降、自治体による性的マイノリティへの視座は、性の多様性の尊重をもとに人権化を促している。今回事例として取り上げる大阪市淀川区の例も先駆的な実践として全国的に有名である。

①大阪市淀川区によるLGBT支援宣言とLGBT支援事業

　大阪市淀川区は二〇一三年九月にＬＧＢＴ支援宣言を出した[4]。これは大阪市公募区長として淀川区長となった榊正文氏（現在、枚方市公募校長）の肝いりで、当時アメリカ総領事でゲイ当事者のパトリック・リネハン氏との懇談からＬＧＢＴを人権問題として捉え、支援宣言につなげたという[5]。この取り組みは、区長によるトップダウンで開始されたが、事業は公募によって委託事業所を選定、支援事業の企画・運営は当事者団体に委託して当事者目線での運営を行っている。[6] LGBT当事者への電話相談、LGBT当事者のコミュニティスペースの運営などがある。

このLGBT支援事業は、公募区長のトップダウンによる具体化である。橋下徹氏が大阪市長となった二〇一一年、大阪二四区の区長を公募する大改革を実行した。橋下氏は大阪市の財政状況から「企業であれば倒産している状況」として、あからさまな新自由主義的改革を行い、行政のスリム化を断行した。市バス路線廃止や市民病院の統廃合、公募区長制はこの一環であった。公募区長への応募では、区長になるにあたってのマニフェストを応募論文として提出している。榊氏は「「働ける人が最大限働いて相互に住民が支えあい地域で子供を育てる社会」をつくるために」と題した論文を出している。[7] 榊氏のマニフェストでは役所の意識改革として「サービス業組織」をあげる。行政をスリム化し、「全労働者参加型生活保証」を掲げ「必要な所得を得るためには共働きしかなく「最大の安全保障は結婚と共働き」と言われている社会」を支えるために、地域の企業を含めて協力を得る、いわば総動員が必要との認識を示す。

②淀川区の生活保護利用者等へ人権侵害行為事例から

特徴的なのが生活保護利用者について「生活保護受給者の地域での役割」である。「課題は、不正受給の摘発と、就職能力があるにもかかわらず活動しない人の対策です。つまり、本当に困窮している弱者かどうかの見極めです。困難な財政状況下、生活保護より真の弱者保護、働ける人に働いてもらい、消費してもらう社会へ、という考えを推進します。①生活保護者が、地域社会で、(例:地域ボランティア活動の義務付け等)なんらかの役割を担うように施策を検討します」。

榊氏の生活保護利用者へのまなざしは「不正受給」「就職能力があるにもかかわらず活動しない」ものであり、「本当に困窮している弱者かどうかの見極め」とまで書く。彼は「全労働者参加型生活保証」を構成する人たちを区民とし、外れる人たちをいわば非区民と見出す。そして「地域ボランティアの義務付け」て生活保護利用者を区民に組み込む。榊氏には生活保護利用者を「働いてもらい、消費してもらう」前提なしに人権の視座はない。淀川区ではトップダウンで生活保護利用者の人権を侵害した。それが、(ア)生活保護利用者への「文書送付」[8]と、(イ)生活保護利用者支援団体への家宅捜索である。[9] 前者では、淀川区だけが生活保護受給者に不正受給警告を送付し、後者は支援団体が生活保護申請同行に関して警備警察なる公安警察の家宅捜索事件である。生活保護利用者の支援団体が公安警察の対象なのは驚愕だが[10]、自治体行政が警察行政に近接して同一視するやり方が見える。生活保護利用者等には信頼や人権がない姿勢を自治体行政が態度で示したのである。

生活保護利用者への締め付けは正当化されやすい。これは「社会保障財源は私たちのお金だ」[11]という発想で、「税金を払っていない人に、なぜ私たちのお金が使われるのか」「こんなに生活が苦しい中で税金払っているのに見返りはないのか」という損得勘定で考えがちだからである。そうなれば「税金を払わない者は我慢すべきだ」になる。

淀川区では、一方で「LGBT支援」を謳って人権施策として積極的に位置づけ、他方で「全労働者参加型生活保証」の枠外の生活保護利用者への人権侵害的対応で当事者を締め付ける。驚くべきは、同じ人権問題であるべき両者が非対称的な位置にあっても、「おかしなことである」と指摘する声が少ないことである。

③なぜ同じ「人権」をめぐってこうした事象が起きるのか？

諸外国では性的マイノリティ支援を前面に出して他の差別や抑圧事象を覆い隠すような現象を「ピンクウオッシュ」という[12]。これはイスラエルがパレスチナの人々への人権侵害の事実を覆い隠し、アラブ文化圏よりもイスラエルが人権先進国のように見せるイメージ戦略であるが、淀川区の事例、渋谷区でも同様に性的マイノリティの人権を宣伝しながら、他方で生活保護利用者や生活困窮者の締め付けがあった[13]。だが、なぜ「性的マイノリティの人権」の位置が高まったのか。ここではその背景を整理しておこう。

性的マイノリティは今でこそ自治体もこぞって「人権」として位置づけるが、少なくとも二〇〇〇年以前は人権としての性的マイノリティはそう確かなものではなかったはずである。

性的マイノリティの歴史を概観すれば、精神医学では異常性欲、一九七〇年代（一九九〇年代まで）には文部省「問題行動」とされていた。一九九〇年代に当事者団体による同性愛差別事件への裁判[14]などを経て、人権としての性的マイノリティの認識は少しずつ広がりを見せた。昨今では文科省が通知を出して当事者支援を打ち出している[15]。

当事者運動は一九九〇年代以降に上述の裁判をはじめ、ゲイパレード等の行動も生まれたが、二〇〇〇年以降に入るとパレードへの協賛として大企業がスポンサーにつく例が多く散見できるようになる。当初、ゲイパレードにはゲイ産業に関わるスポンサーが主流だったが、次第にセックスだけではなく「ライフスタイル」へ変化し、そこへ協賛するスポンサーが変化したことも見逃せない。つまり「同性どうしでセックスをする同性愛者」という性的側面から一歩引き、「同性愛者としてのライフスタイル」への移行という側面が見いだせる。[16]二〇一〇年代以降になると、メディア等でゲイ男性やトランスジェンダーのタレントたちが活躍し、日常化していく。

河口（2013）は、新自由主義社会におけるゲイの可視化と矛盾を次のようにいう。いわゆる「カリスマ」といわれるゲイ男性やMTFのトランスジェンダーのメディアでの可視化について「生産者や消費者の主体として構築されている」ことを見出し、「カリスマたちのライフスタイルの提言や情報が商品化されるかげで、かれらのセクシュアリティの側面は徐々に消し去られ」、「基本的にかれらの性的な部分を取り除かれた形で表象されている」と指摘する。つまり「脱性化されたセクシュアリティはネオリベラリズムの社会体制では市民にとって望ましい商品になる」のである。さらに「個人化をとおして、…性的な部分はプライベートな空間に位置づけられ、例えば女性に規範を促進するという公的な使命を果たしつつ社会に貢献できるような側面が、異性愛体制を維持されるのに利用される」とし、「ゲイ男性は脱性化された規範的市民として作り直される」という。これは新自由主義社会において、性的マイノリティがどんな役回りかを指摘したものである。脱性化され「生産者や消費者の主体」という経済的主体、「公的な使命を果たしつつ社会に貢献できる側面」から、ジェンダー化社会体制（異性愛体制）を補完する役割を持つのである。

脱性化され、経済的主体としての性的マイノリティの位置は二〇一〇年代以降に加速する。特に性的マイノリティの消費行動に焦点が当てられ、「LGBT市場、五・七兆円」[17]のように、大きな消費者層としての性的マイノリティを見出す。例えば、「マーケットになって、はじめて人権が得られるという側面はあると思う」[18]と当事者が主張するように、旺盛な消費者の位置だから権利を主張し得ると当事者が自覚していることに、ことの本質を言いえている。[19]

新自由主義社会は、経済的主体としての個人を前提として、自己投資して競争を勝ち抜くことが求められる。性的マイノリティは、経済的主体となって自身の権利を手にしたことに当事者の言質は重なる。

新自由主義社会において性的マイノリティは「人権の宣

教師[20]」という側面を持つ。競争を勝ち抜き、自己投資を惜しまずに、異性愛前提の社会諸制度に同等の権利を求める。実際に、社会諸制度に果敢に立ち向かう当事者たちの社会的立ち位置や自身の生活保証は自助努力であり、生活困窮者が生活保護利用を拒絶する理由に挙げる「社会に迷惑をかける」ことはない。新自由主義社会に適合し競争に勝っている、だから異性愛者と同様の権利をよこせ、というわけである。性的マイノリティの役回りは、前述の榊氏の掲げた「全労働者参加型生活保証」、「必要な所得を得るためには共働きしかなく「最大の安全保障は結婚と共働き」と言われている社会」へ適合する。

これらから〈経済的主体＝人権〉の図式が見出せる。人権は経済的主体者の特権とも言いうる状況の出現がある[21]。本来「社会的権利の内容は、それを要求する個人の経済的価値によって決まるのではない[22]」もので、こうした現象は「現代市民社会において「市民／非市民」の境界であった「富と教養」は政治的に無効化され、「富と教養」の有無による市民社会からの排除という「富と教養」規定は現代市民社会において廃棄されることになった[23]」という市民の位置が「一定の財産」によって再区分されることを意味する。つまり、生活保護利用者のように「一定の財産」を持たざる者を「形式的市民」と区分けし、「一定の財産」を条件に性的マイノリティを「実質的市民」として再配置する。かくして〈経済的主体＝人権〉をもとに、「実質的市民／形式的市民」との区分けを行う〈人権イメージ〉の一端が抽出できる。また性に関する多様性の尊重を謳うが、そこでは〈人権＝経済的主体〉を「自由、平等、『博愛』」として覆い隠すのである[24]。

(2) 性的マイノリティ当事者による人権への視座
――当事者による多数派への「理解増進」活動から

二つ目の事例は、性的マイノリティの当事者運動を検討する。性的マイノリティへの「理解増進」の立場を取って活動を進める一般社団法人ＬＧＢＴ理解増進会がまとめた『そうだったのかＬＧＢＴ　歴史的な第一歩を共に踏み出そう』（エピック 2018）から、理解増進の論点を整理する。

①いったい誰が理解増進するのか

理解増進会では、「・カムアウトできる社会を目指すのはなく、する必要のない社会へ、・人権教育・啓発は、全国にあまねく公平に、・ＬＧＢＴの活動は、多様性を尊重する社会の試金石、・人権文化の醸成には、理論を深める時間と過程が必要[25]」という柱をもって活動を進めるという。さらに「「自民党性的指向・性自認に関する特命委員会への提言」では、ＬＧＢＴに関わる人権教育・啓発は、反差別ではなく理解増進で」、「差別という以前に、学びのなさを解消することが先決」、「心の通い合う真の理解は得られないだけではなく、溝を深める可能性がある[26]」ことを指摘する。

　ここからわかるのは「誰が理解増進するのか」である。理解促進するのは多数派であり、無理解な多数派の理解が促進するまで進まない。また「互いに自然に受け入れられる社会を目指す[27]」ことが謳われる。確かに「お互いに受け入れる」は理想だが、実際「お互い」は、少数派の当事者と多数派の非当事者と「非対称的な権力関係」を「相等しい関係」とする。同性婚をあげて「考えてほしいのは、多くの市民に人権が充分に涵養されていない状況で、このような制度をつくるのは、涵養することそのものを阻害しかねないリスクがある」と指摘するが、彼らのいう一〇年後に涵養するのか、不明である。

　あたかも多数派の異性愛者と少数派の性的マイノリティが対等平等なる幻想を共有しようとする意図が見える。だが多数派の異性愛者と少数派の性的マイノリティとでは、量的にも社会の諸制度においても、決して対等ではない。非対称的な関係であり、多数派は大きな権力を持つ。しかしなぜ理解増進派は幻想の共有を多数派に訴えるのか。

②対立せず包摂されて強者から「思いやり」を引き出す

　黒岩（2015）は、小説家・村上春樹の著作「偶然の旅人」から、作品に登場するゲイ男性のふるまいを「処世術」と整理する。「最終的には「彼」を「ずり落」とそうとした家族や社会の問いなおしではなく、そこに包摂されることをめざす[28]」のである。ゲイ男性が「処世術」で異性愛社会と波風立てずに折り合いつける。ずり落そうとする異性愛社会や家族が内包するホモフォビア（同性愛嫌悪）とは向き合わない。これは理解増進派の「カムアウトできる社会をめざすのではなく、する必要のない社会へ」はまさにそのものである。特筆すべきは「いかに多数派と不和を避けて同調できるか」である。少数派である性的マイノリティが多数派に包摂されるには、何かしら同調がなくてはならない。

　同調できるものとは何か。例えば、「私がどうしても違和感があったのは、大河内さん（＊不適切発言をした地方議員）が一貫して非常に礼儀正しく、とてもこのような人権上の不適切発言をされるような方とは思えなかった」[29]、「…ご本人（不適切発言をした地方議員）が心の扉を閉ざしてしまい、私（理解増進派の当事者）にとっては本当に大きな反省になってしまいました」[30]とあるように、差別の問題を道徳の問題に置き換え、同調点としての保守、共通の敵という視点で左翼を挙げ、そこを拠り所にして仲間意識を相互に見出すのである。

著書には「保守層のみなさんが安心して学ぶことができるように配慮しています」[31]、「なし崩し的に保守層が大事にしてきた考え方と対立するものが多くあります」[32]、「LGBTブームに乗って、好き勝手に「LGBT＝ジェンダーフリー」につながりかねない活動が全国で活発化…」[33]、「大きく野党支持で左翼思想に偏っていますから…」[34]など、性的マイノリティとは関係のない事象をならべ、保守という共通項をもって左翼批判が特徴である。「性別役割を否定するジェンダーフリー」の否定に同調して違いを超えた共感を当事者と非当事者とが得る。

「幻想の共有」の内実は、強者へのすり寄りである。すり寄りを保守や左翼批判で覆い隠すに過ぎない。そして強者から「思いやり」を引き出すのである。例えば、LGBT活動家を左翼と批判として、自身の性的マイノリティの地位保全を目指す当事者の論考等はまさに体現である[35]。少数派である弱者が、多数派である強者から「思いやり」を引き出す図式が見出せる。

池田（2018、2019、2020）は、人権が「思いやり」として私的問題へ転換されることを危惧する。政治的経済的、社会的問題として発生する人権問題について、「心のあり方」である「思いやり」での対応を批判する。本来、差別などの人権問題は、個人の問題ではなく社会的構造の問題として生じる。社会的構造へどうアプローチして改善できるかが解決の方策である。それを個人の心の問題とするのは、社会的構造の把握や、社会変革を志向する人権への視点を閉ざす。さらに、権利主体としての要求が「わがまま」として貶められるとし、「思いやりなどの心の状態を強調し、弱者への配慮こそが問題解決のあり方として肯定的に示されていくとすれば、「弱者」自身が、自らを弱者に追い込んだ社会を批判し、権利を主張していくことは否定的にとられていく」。権利侵害を明らかにし、公的に解決をはかる人権の視点が、自己責任・自己救済として定義し直され、心のもちようによる解決が、自己救済を強調し、国家や公的機関がやるべき諸施策を免責する危険性も孕むという。

理解増進派は「思いやり」という道徳で差別問題である人権に向き合う実践である。恩恵としての「強者の一方的な「温情」や「思いやり」といった「心のあり方」の緩やかな変化」を当事者が期待するという、理解増進への道筋が見いだせる。

「差別は、その人に思いやりの心があろうがなかろうが、社会的関係性の中で起こっている」現実を無視して、あくまでも保守・左翼批判の仲間という同調をもって現実を覆い隠す。「性的マイノリティへの差別」と「性的マイノリティへの差別心」とは当然異なる。前者は異性愛中心の社会でいくらでも起こるし、実際に起こっている。池田が指摘するように「人権課題は道徳では絶対に解決しない」のである。

理解増進派の事例は、「多数派からの思いやりを引き出す活動」であり、自らを卑下しながら多数派の恩恵、緩やかな変化を期待する。人権が「個人の心の問題」となること、また「人権の視点が、自己責任・自己救済として定義し直されていく」分析は、人間を人的資本とみなす新自由主義的合理性に親和性も見いだせる。ブラウンは「人的資本から成る民主主義は、平等な扱いや平等な保護ではなく、勝者と敗者の存在を特徴としている」というが、強者から弱者への「思いやり」の引き出しは、こうした点からも検討しうるものともなる。[36][37]

二 「性的マイノリティの人権」から見える人権像の整理

さて、二つの事例を検討して性的マイノリティの人権をめぐって〈人権イメージ〉を探った。それは経済的主体としての特権、強者から「思いやり」としての恩恵であった。

人権とは何か。そもそも人権とは、特権でもなければ恩恵でもない。人間に固有に備わる権利主体性のことである。人権の歴史というと、おそらく「自由・平等・博愛」での人権を思い起こす。確かに人権の歴史を授業で押さえる際に、封建体制から市民が権利の主体者として人権を見出したことは記憶にあるだろう。だが押さえるべきは、市民社会における市民とは「一定の財産と教養」が前提であり、それらをもとに商品交換ができる自由の状況であった。その後に市民の条件である「富と教養」を政治的に無効化して非市民であった労働者を市民に包摂したのが現代市民社会であった。だが「一定の財産」で再び市民を区分けするのは見てきたとおりである。

人権は「思いやり」に変換されると、痛みや苦しみを緩和させる効果くらいは持つかもしれない。しかし「緩和させる効果」は人権ではない。人権は緩和ではなく完全回復こそ求められる。少数派の当事者がなぜ強者に媚びながら「思いやり」を引き出すのか。「多数派の論理こそが正義」の認識が見出せまいか。恩恵としての人権という位置は本来おかしい。こうした〈人権イメージ〉から、人権保障への視座を再整理が必要である。

三　日常生活における人権への視座の再整理に向けて

特権でも恩恵でもない基本的人権をどう再認識できるか。少なくとも戦後日本社会で、憲法に基づく人権意識が培われてきたはずである。市民社会論の知見から、非市民であった労働者を政治的経済的に実質的市民として包摂したのだが、新自由主義が進行する中で貧困や格差が広がって「一定の財産」が「市民／形式的市民」の区分けの指標になった。性的マイノリティの人権の検討から見出せた特権や恩恵としての人権を克服するためにはどうすればよいのか。筆者が日常生活における人権への視座の再整理で留意すべきことをいくつかあげておきたい。

（1）人権が「つくりかえられている」という視座の必要性

人権が「つくりかえられている」という視座は、性的マイノリティの人権と生活保護利用者の人権の事例から検討した通りである。新自由主義社会では〈人権＝経済的主体〉となる。例えば、「いのちのとりで裁判・名古屋地裁判[38]」では、「物価偽装までして強行した保護基準引き下げを追認した文字通りの不当判決」となった。判決は国民感情や国の財政事情を踏まえた上で国の裁量を認めた。「国民感情や財政事情の範囲内での人権」は、新自由主義的合理性の際たる例である。生活困窮者の人権保障は、社会保障制度審議会勧告（1950）でも明らかなように国家責任であった。しかし一九九五年の社会保障制度審議会によって国家責任が「みんなの責任」へ、社会保障制度改革推進法（2012）では社会保障は「助け合い」と定義された。このように「権利そのものが経済化され、意味と応用において明確につくりなおされうる[39]」という新自由主義的合理性で人権がつくりかえられてしまう。この視座を持つことが必要である。

（2）性的マイノリティの当事者による「人権」再考の必要性

性的マイノリティの当事者の立ち位置も多様であり、二つの事例からは特権や恩恵としての人権が見いだせた。まず押さえるべきは、当事者による人権確立運動は不可欠なものである、ということである。

河口ら（1998）は、ゲイ・スタディーズを「当事者たるゲイによって担われ、ゲイが自己について考え、よりよく生きることに寄与すること、さらに異性の間の愛情にのみ価値をおき、それを至上のものとして同性愛者を差別する社会の意識と構造を分析することによって、同性愛恐怖・嫌悪と闘っていくのに役立つ学問」と定義した。経済的主体となることや「思いやり」を引き出す主体としての当事者は、ともに「よりよく生きること」に共通する。また後段は、それぞれ「社会の意識と構造の分析」で、前段の「よりよく生きる」につながるものでもある。二つの事例ともに運動として進めたのは事実である。つまり両事例とも当事者が「よりよく生きる」ために何ができるのか、何をすべきか実践したものでもある。だが、「よりよく生きるための基盤」とは何か。

例えば、黒岩（2015）は、ゲイコミュニティ内における新自由主義と親和的な「ニュー・ホモノーマティブティ」[40]を批判し、「社会の意識と構造を分析」して「同性愛恐怖・嫌悪と闘っていく」実践を文学批評の立場から積極的に行う。鋭い分析だが「よりよく生きるための基盤」としての「人間らしい生活」に向けた新自由主義社会への批判から生存権保障運動につながる視点はない。文学批評の限界だが、性的マイノリティ以前に人間としての生活こそ、まず守られるべきと思わずにいられない。

性的マイノリティの人権を考える時、つい、性的マイノリティという属性を焦点化してしまう。ゲイ・スタディーズは異性愛社会の中でゲイネスを肯定して「よりよく生きる」、「闘う」学問体系を志向した。事例のように「特定の性的マイノリティ」の向上に資するものの、特定以外の性的マイノリティ、人間らしい生活すら保障されていない性的マイノリティはどうか。人権を考える上で、何よりも「よりよく生きるための基盤」の視点こそが重要ではないか。「よりよく生きる」ことは、特権や恩恵ではないし、憲法に定める幸福追求権（一三条）への視点である。性的マイノリティだけではない社会に生きる人々の「よりよく生きる」保障の視座こそ人権の基盤ではないか。

（3）「よりよく生きるため」の前提として生存権を基盤に人権を捉える

諸外国では性的マイノリティであることで生存が脅かされる現実がある。だが日本国内において諸外国のような迫害などの形で、彼らの生存を脅かすものが全体としてあるとは言い難い。そう考えると、人権も自由権的な位置での性的マイノリティの人権[41]ではなく、社会権的な側面の「人間らしく生きる」ための異性愛者との共通の基盤とすべきであって、性的マイノリティの人権の側面を第一義にすべきではない。例えば、性的マイノリティの生活調査では、シス・ゲイがシス・レズビアンと比べると所得が高く、さらにトランスの所得が低い状況[42]がある。これは日本社会のジェンダー格差が反映された結果であって、トランスは別にしても、ゲイやレズビアンであるがゆえに生存が脅かされる直接的な要因として位置づけるには無理がある。

それよりも異性愛者を含めたすべての低所得者の人たちの生活保障をどうするか。その基盤が憲法二五条の生存権保障とともに一三条の幸福追求権である。それらの視座を持つ社会権の再構築こそ必要である。ここを基軸にして今一度、人権確立運動を組織していくべきである。その基盤には「人間らしく生きる」が位置づけられなければならない。

性的マイノリティの人権は、特権でも恩恵でもない。だが〈人権イメージ〉からは、特権や恩恵としての人権として見出せたのは事実であり現実でもある。生存権的視点に立って、人権を今一度検討することが必要であることを、性的マイノリティの人権を検討し再認識させられるのである。

注

（1）虹色ダイバーシティ公開資料（https://nijiirodiversity.jp/partner20200930/）

（2）「二〇一九年二月一四日、性別を問わず結婚ができるようになるよう「結婚の自由をすべての人に」訴訟が始まりました。札幌、東京、名古屋、大阪の裁判所で一斉に提訴された後、二〇一九年九月には福岡の裁判所でも始まっています。この「結婚の自由をすべての人に」訴訟は、同性カップルが結婚できないことが憲法違反だと正面から問う、日本で初めての訴訟」である（https://www.marriageforall.jp/plan/lawsuit/）。

（3）NPO法人POSSEでは、オンライン署名サイト「Change.org」にて「履歴書から性別欄をなくそう　＃なんであるの」というキャンペーン」を二〇二〇年二月より実施。一万筆を超える署名が集まり、経済産業省へ申入れ、経産省は日本規格協会に行政指導を行い、履歴書書式から性別等の個人の属性を問う項目のある様式例を削除した。詳しくは、今野晴貴「履歴書「性別欄」廃止！　国も文具メーカー（コクヨ）も廃止に動いた理由とは？」（https://news.yahoo.co.jp/byline/konnoharuki/20200924-00199797/）

（4）「淀川区では、多様な方々がいきいきと暮らせるまちの実現のため、ＬＧＢＴ（性的マイノリティ）の方々の人権を尊重します！そのためには……ＬＧＢＴに関する職員人権研修を行います！　ＬＧＢＴに関する正しい情報を発信します！　ＬＧＢＴの方々の活動に対し支援等を行います！　ＬＧＢＴの方々の声（相談）を聴きます！　平成二五年九月　淀川区長榊正文」（https://www.city.osaka.lg.jp/yodogawa/page/0000232949.html）」

（5）「「ＬＧＢＴ」フレンドリーなら何やってもいいのか？」（2014.5.14）（http://ja.gimmeaqueereye.org/entry/5696）。

（6）柳姃希（2018）「性的少数者の生活課題の解決に向けた当事者団体と自治体の協働―大阪市淀川区を事例に―」立教大学コミュニティ福祉研究所学術研究推進資金・大学院生研究二〇一七年度研究成果報告書 cchs.rikkyo.ac.jp/institute/project/pdf/project_pdf17.pdf

（7）「大阪市区長公募最終合格者の決定について」（＊平成二三年一二月公募開始からのもので、公募論文等の掲載があったが削除に）（2019.12.11 更新）https://www.city.osaka.lg.jp/jinji/page/0000325063.html　ホームページ上にはないので大阪市市民局よりＰＤＦで論文を入手した（二〇二〇年九月七日）。なお以下の「」内は、榊氏の論文からの抜粋である。

（8）「二〇一三年一二月、淀川区保健福祉センター所長（福祉事務所長名）で区内の全生活保護世帯に『適正な保護費の受給に協力して下さい』なる文書を送りつけてきました。同文書には「…不正な手段で生活保護を受けて場合などは（略）悪質と判断した場合は警察に告訴する」、「淀川区においては、過去一年間で生活保護の不正受給で四名の逮捕者」を出した」と。裏面には「淀川区不正受給対策（適正化）担当を設置」とあり、警察ＯＢを含む不正受給調査専任チームを平成二四年四月に設置し、適正な運営に向け取り組みを強化する」とある。全大阪生活と健康を守る会（2014）『不当弾圧との闘いの記録』日本機関紙出版センター、一九～二二頁。

（9）「二〇一三年、大阪の生活と健康を守る会は、三回にわたって、大阪府警による家宅捜索を受けました。一回目は淀川生活と健康を守る会）に対して。二回目は、淀川生健会と全大阪生活と健康を守る会連合会に対してでした。三回目（一〇月一〇日）は、淀川生健会と大生連を含め、全国生活と健康を守る会連合会まで捜索を受けました。大生連と全生連はいずれの被疑者とのつながりはありません。捜索理由はいずれも生活保護法違反をした被疑者の生活保護の「申請同行」をしたということ以外に考えられません」。全大阪生活と健康を守る会（2014）前掲、一一～一九頁。

（10）生活保護利用者支援団体が公安警察の対象となる意味は検討しておく必要がある。国家と人権を検討する上で重要な視点となる。

（11）「納税者主権論者が安易に主張することだが、社会保障財源はもともと「自分たちの私的所有物」だという私的所有性に依存して、納税者が「客観的に把握された」ニーズにもとづく充足であるべき〈リスク〉補填（社会保障）を左右しうるといった発想は、原理的に排除されるべきである」。竹内章郎・吉崎祥司（2017）『社会権』二八六頁。

（12）第一〇回 関西クィア映画祭 2016より https://kansai-qff.org/2016/pinkwash_index.shtml

（13）渋谷区でも同様のことが起きている。「渋谷区がＬＧＢＴに優しくホームレスに厳しいのはなぜ？ マツコも憤るＬＧＢＴの商売利用」（2015.5.16） https://www.excite.co.jp/news/article/Litera_1103/

（14）府中青年の家事件（1990）による東京高裁判決（一九九七年九月一六日）では、「平成二年当時は、一般国民も行政当局も、同性愛ないし同性愛者については無関心であって、正確な知識もなかったものと考えられる。しかし、一般国民はともかくとして、都教育委員会を含む行政当局としては、その職務を行うについて、少数者である同性愛者をも視野に入れた、肌理の細かな配慮が必要であり、同性愛者の権利、利益を十分に擁護することが要請されているものというべきであって、無関心であったり知識がないということは公権力の行使に当たる者として許されないことである。このことは、現在ではもちろん、平成二年当時においても同様である」と述べ「都教育委員会にも、その職務を行うにつき過失があったというべきである」と結論付けた。諏訪ノ森法律事務所「レズビアン／ゲイの法律問題」に詳しい。http://www.ne.jp/asahi/law/suwanomori/special/supplement3.html

（15）文部科学省は「性同一性障害に係る児童生徒に対するきめ細かな対応の実施等について」（二〇一五年四月三〇日児童生徒課長通知）を出し、「性同一性障害に係る児童生徒だけでなく、いわゆる「性的マイノリティ」とされる児童生徒全般に共通するもの」として対応することを求めた。https://www.mext.go.jp/b_menu/houdou/27/04/1357468.htm

（16）斎藤巧弥（2018）、近藤智彦（2018）を参照のこと。

（17）『国内市場五・七兆円「ＬＧＢＴ（レズビアン／ゲイ／バイ・セクシャル／トランスジェンダー）市場」を攻略せよ！』（週刊ダイヤモンド特集BOOKS Vol.4）、二〇一三年一〇月などが詳しい。

（18）「東京レインボープライド『声上げることで変わって

きた』共同代表理事・杉山文野さんに聞く」毎日新聞(2017.5.3)

(19) 運動の当事者たちの主張としての「生活者スタイルの提唱」は、例えば、同性婚や軍隊への参加などがあげられるが、「家庭というプライバシー」「自由な市場」「愛国心」といったものへのアクセスの権利平等が主張されるようになったとし、「新自由主義を下支えして補強し、家庭と消費につなぎとめられた私的化され脱政治化されたゲイカルチャーの可能性を重視する」ものである(Duggan 2003)という。

(20) 川坂和義(2015)参照のこと。

(21) 杉山文野氏は、「カラフルファミリー」(ＮＨＫ、二〇二〇年八月四日、https://www.nhk.or.jp/d-garage-mov/movie/248-1.html)で、多様な家族の実践が紹介されている。ゲイの友人から精子をもらい自身のパートナー女性に妊娠・出産を経て子どもを得るという生活をどう考えるか。彼の社会的経済的背景には、当然ながら「自由、平等、所有」をもって自助努力生活ができるという確信がある。こうした実践が「なぜできるのか」の視点こそが求められるべきで、多様性の主張は所有が前提とも言えてしまう。

(22) マーシャル/ボットモア、岩崎信彦ほか訳(1993)『シティズンシップと社会的階級―近現代を総括するマニフェスト』法律文化社、五六頁。

(23) 吉田傑俊(2005)、藤田悟(2008)を参照のこと。

(24) Afumed(2012)はDiversityが旧来の因習を温存すると指摘する。また、「自由、平等、博愛」の「博愛」は、実のところ「所有」であることは、マルクスの有名な言葉「自由、平等、所有、そしてベンサム」で指摘するところである。

(25) ＬＧＢＴ理解増進会(2018)『そうだったのかＬＧＢＴ』四五~四六頁。

(26) ＬＧＢＴ理解増進会(2018)前掲、六八~六九頁。

(27) ＬＧＢＴ理解増進会(2018)前掲、七一頁。

(28) 黒岩裕市(2016)「脱政治化という〈性の政治〉」六七~六七頁。?

(29) ＬＧＢＴ理解増進会(2018)前掲、三一頁。

(30) ＬＧＢＴ理解増進会(2018)前掲、三三頁。

(31) ＬＧＢＴ理解増進会(2018)前掲、一七頁。

(32) ＬＧＢＴ理解増進会(2018)前掲、一四頁。

(33) ＬＧＢＴ理解増進会(2018)前掲、一五頁。

(34) ＬＧＢＴ理解増進会(2018)前掲、四〇頁。

(35) 例えば、松浦大悟「ＬＧＢＴに向き合っているのは安倍政権」(月刊WiLL 二〇一八年一二月号)、小川榮太郎・松浦大悟「封殺されたＬＧＢＴ当事者の本音」(月刊Hanada二〇一八年一二月号)は、その端的な例である。

(36) 例えば、松浦は「いま、ゲイのセックス経験人数は平均で三ケタだというのが私の実感です」(小川榮太郎・松浦大悟「封殺されたＬＧＢＴ当事者たちの本音」『月刊Hanada』二〇一八年一二月号）などが良い例。なぜここでセックス体験人数が出るのか不明であるが、ゲイはセックスモンスターという不道徳な点を強調したいのだろう。

（37）ウェンディ・ブラウンのいう「新自由主義的合理性」や、ウルリッヒ・ベックの個人化論、「個人化のポリティックス」（鈴木2015）にも関連する。

（38）愛知県内在住の生活保護利用者一八名が、国及び居住する各自治体を被告として、二〇一三年から三回に分けて行われた生活保護基準の見直しを理由とする生活保護基準引下げの取消等を求めた裁判で、二〇二〇年六月二五日、名古屋地方裁判所は、原告の請求棄却の判決を出した。全国各地で生活保護基準引き下げ取り消しを求める裁判闘争が進んでいるが、その最初の判決となった。詳しくは、いのちのとりで裁判全国アクションを参照のこと（https://inochinotoride.org/index.php）。

（39）ブラウン（2017）『いかにして民主主義は失われていくのか』三五頁。

（40）ニュー・ホモノーマティビティとは「ヘテロノーマティブな前提や制度に対立するものではなく、むしろそれを支え、補強し、「家庭と消費につなぎとめられた、私的化され脱政治化されたゲイ・カルチャーの可能性を重視するもの」をいう（黒岩2016）。経済的主体となったゲイたちが、異性愛者と同様の社会制度として同性婚や軍隊への入隊などを要求するなどが例としてある。

（41）谷口洋幸「多様な性と国際人権法」しんぶん赤旗（二〇二〇年四月一四日）より。

（42）村木真紀（2018）「性の多様性を前提とした職場環境づくりを考える」『日本労働研究雑誌』No.699、認定ＮＰＯ法人虹色ダイバーシティによる調査結果を参照のこと。

〈参考文献〉

池田賢市（2018）「道徳教育と人権教育との接合の可能性と危険性」『教育学論集（60）』（中央大学）
池田賢市（2019）「道徳教育の歴史と「教科化」の危うさ」『季刊社会運動』No.434
池田賢市（2020）「「人権」と「思いやり」は違う…日本の教育が教えない重要な視点「道徳」で差別に挑んではならない」現代ビジネス（2020.3.19）、https://gendai.ismedia.jp/articles/-/71170
一般社団法人ＬＧＢＴ理解増進会（2018）『そうだったのかＬＧＢＴ 歴史的な第一歩を共に踏み出そう』エピック
ウエンディ・ブラウン、中井亜佐子訳（2017）『いかにして民主主義は失われていくのか―新自由主義の見えざる攻撃』みすず書房
河口和也（2013）「ネオリベラリズム体制とクイア的主体―可視化に伴う矛盾―」『広島修大論集』第五四巻第一号

河口和也・風間孝ほか（1997）『ゲイ・スタディーズ』青土社
川坂和義（2015）「「人権」か「特権」か「恩恵」か？—日本におけるＬＧＢＴの権利」『現代思想』Vol.43-16
工藤恒夫（2002）「生活についての「自助」原則とは何か—社会保障の必然性を明らかにするために—」『経済学論集』（中央大学）第四二巻六号
黒岩裕市（2016）「脱政治化という〈性の政治〉—村上春樹「偶然の旅人」を読む—」『立命館言語文化研究』第二八巻第二号
後藤道夫（2001）『収縮する日本型〈大衆社会〉経済グローバリズムと国民の分裂』旬報社
近藤智彦ほか（2018）「討論・公開シンポジウム「ＬＧＢＴはどうつながってきたか？」」北海道大学
斎藤巧弥（2018）「ゲイ雑誌『バディ』は何を目指してきたのか—編者の言説からみるゲイ・アイデンティティの形成—」『年報社会学論集』三一号
酒井隆（2019）『完全版自由論　現財政の系譜学』河出書房新社
鈴木宗徳（2006）「〈個人化〉のポリティックス—格差社会における〈自立〉の強制—」『九州国際大学経営経済論集』第一三巻第一・二合併号
鈴木宗徳（2015）『個人化するリスクと社会　ベック理論と現代日本』勁草書房
全大阪生活と健康を守る会（2014）『不当弾圧との闘いの記録　生活と健康を守る会への家宅捜索、その背景にあるもの』日本機関紙出版センター
竹内章郎・吉崎祥司（2017）『社会権　人権を実現するもの』大月書店
デヴィット・ハーヴェイ、渡辺治監訳（2007）『新自由主義　その歴史的展開と現在』作品社
マサキチトセ（2015）「排除と忘却に支えられたグロテスクな世間体政治としての米国主流「ＬＧＢＴ運動」と同性婚推進運動の欺瞞」『現代思想』Vol.43-16
藤田悟（2005）「マルクス市民社会論における市民社会の構造と現代的変容」『立命館産業社会論集』第四一巻第三号
藤田悟（2008）「現代市民社会における包摂と排除—「市民／非市民」の境界をめぐって—」『立命館産業社会論集』第四四巻第一号
安田貴彦（2012）「給付行政をめぐる不正事犯に対する大阪府警察の取り組み—生活保護不正受給事犯対策を中心に—」『警察政策研究』第一六号
吉田傑俊（2005）『市民社会論—その理論と歴史』大月書店
Lisa Duggan, The Twilight of Equality? Neoliberalism, Cultural politics, and the Attack on Democracy, Beacom Press. 2003
Sara Ahmed, On Being Included: Racism and Diversity in

Institutional Life, Duke University Press, 2012

〈websites〉

大阪市淀川区ＬＧＢＴ支援事業　http://niji-yodogawa.jp

認定ＮＰＯ法人虹色ダイバーシティ　https://nijiirodiversity.jp

一般社団法人ＬＧＢＴ理解増進会　https://lgbtrikai.net/

ＬＧＢＴ法連合会　http://lgbtetc.jp/

（きしもと たかし・尼崎医療生活協同組合、大阪歯科大学非常勤講師・社会福祉学）

論文

親鸞における〈浄土の倫理〉の位置づけ

――親鸞浄土教における反戦原理と共生社会運動連帯の内在的可能性――

亀山純生

はじめに

かって私は本誌で、親鸞浄土教の共生社会運動連帯の教義内在的可能性を概括し、それは仏教や親鸞教団の歴史的負の経験（戦争・抑圧加担等）の内在的論理（教義）の克服と不可分だと指摘した（亀山 2014）。その後この視点から、中世における武士の戦闘殺傷肯定の仏教論理を明らかにし（亀山 2019a）、これを受けて亀山（2019b）で、近代の親鸞教団や親鸞主義者の侵略戦争協力・肯定の論理と、戦後におけるその克服論を検討した。

そこでは、親鸞教団の戦争協力論理の中心が明治の教団創出の真俗二諦論にあると共に、仏教界全体の戦争協力・肯定の論理が中世の戦闘殺傷肯定の仏教論理の復活であり、親鸞教団の一部や日本主義的親鸞主義にもそれが存在したことを確認した。そして、これに対する戦後親鸞教団の自己批判が専ら真俗二諦論に集中して、弥陀帰依（真諦：内面の信仰）の国家（俗諦：世俗の真理）との結合・従属の批判に止まり、戦争自体を否定する信仰論理（教義的根拠）の未提示を確認した。そこには親鸞浄土教の弥陀絶対帰依＝自力否定の信仰論理があり、それが没主体的な戦争肯定の内因となり、問題の根本は信仰を内面に還元する近代主義的親鸞像に由来することを明らかにした。

他方で現代日本において社会的仏教離れの危機感から仏教の〈社会参加〉運動が広がる中でその信仰内在的論理の明確化が要請され、共生社会運動への仏教徒の参加の新しい仏教倫理（通仏教的な戒律の現代化）も呼びかけられている（竹村2016）。だが親鸞浄土教は戒律（自力）否定を教義とする故に対象外となり、また教団内部でも〈社会参加〉運動の活発化にもかかわらず、例えば災害ボランティアが「自力作善」と批判されるように、絶対他力主義がネックとなっている。そこにはなお近代主義による信仰の内面と外面（社会生活）の切断の問題性がある。

亀山（2020b）では、以上の問題圏を日本仏教の非社会性の〈伝統〉も含めやや詳論し、親鸞浄土教におけるこの切断の克服は親鸞（〈歴史に埋め込まれた親鸞〉：以下同じ）における〈浄土の倫理〉として展望できることを素描した。だが紙幅の関係もあり、〈浄土の倫理〉析出の方法や親鸞の著作に即した教義的根拠提示の点で不十分だった。そこで本稿では、これを踏まえつつ改めて〈浄土の倫理〉が親鸞思想の根幹に全面的に位置づくことを論証したい。

一　親鸞浄土教の基本枠組み

まず検討の前提として、中世社会における親鸞浄土教の位置と基本的枠組みを確認しておきたい。というのも再三強調してきたが（亀山2003等）、近代の親鸞論は、社会との関係を見ない内面主義的な信仰論・教義分析（教団や哲学・思想系）と信仰の内面的意義を見ない政治的イデオロギー論（歴史学系）とに断裂してきたからである。それ故、親鸞における社会倫理の信仰内在的位置づけ如何はこの断裂克服の地平、彼の信仰論の中世社会全体との関係の中でこそ、そこでの彼と民衆の念仏信仰を介した生身の生きざまを通してこそ、照射されうるからである。

第一に確認すべきは、親鸞浄土教は、中世正統派浄土教との対立の中で、中世民衆の〈災害社会〉故の切実な「現世安穏・後生善処」の願いへの全面応答として確立したことである（亀山2012：以下、親鸞の事跡はこれによる）。

中世民衆のこの願いに正面から応答していたのは、「現当二益」（現世と当来の世の利益）を掲げた天台・真言等の正統派浄土教であった。現世安穏には神仏習合の下での神仏祈祷・呪術による除災招福の実現として、後生善処には自力諸行往生の中に念仏のみによる悪人往生を位置づけて応答した。これに対し法然は、正統派の往生論は階層往生論であり民衆の悪人往生は最下位（浄土辺地で事実上不往生）で絶望的だと批判し、念仏専修による平等往生論を説き、民衆の後生善処の願いに全面的に応答した。それにより、民衆に圧倒的に支持される一方で造悪無碍論（倫理否定）を生み、また現世安穏の願いには独自の応答がなかったため、民衆（特に武士層）の神祇崇拝・現世利益志向との間に矛盾を抱えていた（亀山 2003）。

その中で正統派は、専修念仏論は二重の意味で民衆を惑わす邪教だと激しく糾弾し、国家と一体になって法然教団を弾圧した（『興福寺奏状』）。一方で、A諸経典、特に法然が依拠する『観無量寿経』の九品往生論に背反する邪義で民衆を惑わす反仏教（無間地獄罪）であり、後生善処の願いとは真逆の後生悪処に導く、と。他方では、B諸行否定により諸仏・神祇崇拝や倫理を否定する造悪無碍論で民衆を惑わし、神仏習合の国家・社会秩序を破壊し現世安穏の願いに背反する邪教だとした。これにより、また民衆の動揺や矛盾からも、A、Bへの理論的実践的応答が法然後継者の根本的課題となった（亀山 2012）。

構造的な〈災害社会〉を生きた親鸞は、養和大飢饉の中で民衆救済を決意して正統派に入門し、その限界から法然に帰依した。その後弾圧流罪を機に東国で民衆の災害苦に寄り添いつつ、A、Bに正面から応答して法然浄土教を弥陀による絶対他力念仏へと深化させ独自の親鸞浄土教を確立した（寛喜大飢饉の最中の〈第二の回心〉が象徴）。その過程で自らの被災者救済活動等を通じて民衆の現世安穏の願いに正対する中で、正統派の現世安穏論の虚偽を確信し、他力念仏こそが、往生絶対の後生善処の道であると共に、現世安穏の道であることを明らかにした。

第二に、かかる親鸞浄土教の固有の特質として改めて強調されるべきは、仏教史上初めて出家主義から在家主義へとコペルニクス的転回を果たした意味である。

法然の悪人正機説によって肉食妻帯生活に入った親鸞は、東国民衆と生を共にする中で、民衆と自身を煩悩具縛の「われら」と同一化し（『唯信鈔文意』）、「非僧非俗」＝「愚禿」の立場に立った。つまり末法時代では僧＝出家主義は虚仮と化し、在家の専修念仏こそが真の仏道との在家主義を確立した。それは何よりも民衆の生の〈自己努力〉・生業の仏教的全面肯定を意味した。

その象徴は、「業縁」により殺生を生業とする猟師・漁師・商人・農民こそが弥陀の救済対象と位置づけたことである（『歎異抄』十三条）。さらに、生への執着は「煩悩の所為」としつつ（『歎異鈔』九条）、念仏により「煩悩を断ぜずして涅槃を得」（『正信偈』）とそれを肯定し教義の根幹に据えたことである。それは、在家主義の念仏において生への〈自己努力〉が大前提であると共に、生の〈自己努力〉を励ます点に念仏の意義を位置づけたことを意味する。

私は、この前提に法然が説いた「衣食住の三つは念仏の助業」(「禅勝房伝説の詞」)の継承発展があり、その背景には「資生産業皆仏道」(『法華経』)による中世仏教界の現生主義があったと考えている(亀山2020a)。

実際、〈寄生者〉の僧・貴族はともかく、自ら命を繋ぐ在家民衆は、特に〈災害社会〉では、生への〈自己努力〉なしには生きられず、絶望的災害苦の中では仏による生の励ましがあってこそ生の〈自己努力〉は可能となる。親鸞の在家主義の念仏はまさにここに焦点を当てていた[1]。近代親鸞論は、念仏と生の〈自己努力〉とのこの不可分性を無視している。内面主義親鸞論がボランティア=他力念仏背反の金科玉条とする「聖道(自力)の慈悲」限界の悲歎(『歎異抄』四条)は、眼前の受苦者の救済に〈自己努力〉するが故であることを忘却している。

もとより親鸞は、往生行としての「自力」(自己の力を往生因とし往生を自己の功績にする)を徹底否定し、専ら他力往生(弥陀回向の他力念仏による往生)を説いた。近代親鸞論は、この「自力」と〈自己努力〉(自ら行うこと)を混同して「自力」否定=〈自己努力〉否定と短絡し、他力念仏を現実・社会生活への〈自己努力〉なき受動的諦観(内面の自閉的安心)に還元してしまった。

だが、親鸞はこの「自力」否定の他力念仏においてさえ〈自己努力〉を強調した(桜井1995)。そもそも念仏自体、自ら称えずにはありえず、自らの「念仏申さんと思い立つ心」が不可欠であり(『歎異抄』一条)、それも自らが念仏の謂れを聞き信ずる〈自己努力〉があってこそである。親鸞が他力念仏における「聞信」の不可欠性を強調し(『教行信証』信巻)、「弥陀大悲の誓願を深く信ぜん人はみな、寝ても覚めてもへだてなく、南無阿弥陀仏をとなふべし」(『正像末和讃』)と〈自己努力〉を勧めるのは、それ故である(桜井1995)。他力念仏は、この〈自己努力〉を「自力」(自らの手柄)とするのでなく、専ら弥陀回向と〈領解〉するところに成立するのである。

以上のように在家主義の他力念仏は〈自己努力〉を前提とし、その意味は社会生活において生の〈自己努力〉を励ます念仏にあった。

二　親鸞教説の中心と倫理観分析の方法・起点

親鸞の活動・教説は、実践面では他力念仏の民衆布教に尽き、その様子は和讃・消息等から窺える。他方理論活動は、生涯推敲し続けた『教行信証』等に示されるが、その最大ポイントは他力念仏往生が末法時代の唯一の「真実教」であることの仏教史的正統性を綿密に論証し[2]、正統派の自力諸行往生論の虚仮性（末法の「時機不相応」）を明証する点にあった。この営みは、先述した正統派の法然専修念仏＝邪教との批判のA（『興福寺奏状』、明恵『摧邪輪』）への全面反論であった。

そこで、弥陀回向の念仏往生は専ら愚悪の在家民衆が正機であることを論証して後生善処の願いに応答し、さらに死後往生自体よりもその絶対確実性が保証される「正定聚」に入ること、死後の不安なく現生を生きる確信（大安心）に念仏の意義があることを強調した。念仏の「現生十益」の内に「入正定聚の益」と共に、「心光常護の益」、「心多歓喜の益」が挙げられている（『教行信証』信巻）。これは浄土信仰の来世主義（法然にもなお残存）の現生主義への劇的転換を意味し、正統派の現世安穏論の否定（後述）と相まって、念仏こそが民衆の後生善処現世安穏への全面的応答であることを明らかにした。

しかし先述の正統派の批判Bに関わる念仏と社会生活・倫理の関係は『教行信証』では直接には主題的に論じられず（例外的に関連するのは呪術批判）、門弟への説諭の中で造悪無碍批判や「世の中安穏なれ」などと断片的に見られるにすぎない（消息や『歎異抄』）。このことが、近代親鸞論の内面主義的解釈の一因をなしていた。

だが、親鸞の営みが災害苦の民衆の現世安穏後生善処の願いへの全面応答だったという基本視点からすれば、正統派によるこの専修念仏の反社会性（現世安穏否定）批判Bへの反論は、Aへの反論とセットの不可避的課題だったと見るべきである。その意味で、親鸞における倫理の位置づけ如何は、民衆説諭の中の言及を手掛かりに、例外的に関連する呪術批判、及び主題的な諸行往生論批判の社会的意味を媒介的契機にして、『教行信証』が全面展開する他力念仏の教義構造から改めて析出される必要がある。

第一の媒介的契機は親鸞の神祇〈帰依〉・呪術信仰の鮮烈な批判であり、ここに親鸞の倫理・社会生活への対応と既成社会批判の起点が窺える。

最晩年の『愚禿悲歎述懐』が典型的である。「五濁増のしるしには、この世の道俗ことごとく、外儀は仏教の姿にて内心外道を帰敬せり。悲しきかなや道俗の、良時吉日えらばしめ、天神地祇を崇めつつ卜占祭祀つとめとす」。この悲歎は『教行信証』化身土巻での、仏法者（念仏者）の外道・神祇〈不帰依〉の論証に基づいている。

近代親鸞論は、この批判は、民衆を世俗的生に呪縛して仏道（煩悩脱却）を妨げる神仏習合を否定して日本仏教を純化し、民族宗教・民俗宗教（神道と呪術信仰）を脱して普遍宗教を成立させたと高く評価してきた（森1961、寺川1985、赤松2004等）。それ故、他方で親鸞が門弟に、造悪無碍批判の中で「神祇を軽んずべからず」と戒め（消息二七）、『現世利益和讃』で「天神地祇はことごとく善鬼神と名づけたり、これらの善神みな共に念仏の人を護るなり」などと勧めることを位置づけえなかった。そして、親鸞の矛盾・揺れだとか正統派への妥協（森1961、田代1987）、せいぜい念仏へ導く方便（赤松2004）と解釈してきた。

だがこれは近代主義的宗教観からの一面的評価であり、神祇外道論に「化身土巻」の四三％（『教行信証』全体でも一二％）もの分量が費やされる意味、つまり親鸞が災害苦回避の民衆願望（現世安穏）に正対する故に、正統派の現世安穏＝呪術の道が民衆の願いに背反し、生の〈自己努力〉を抑圧することの批判だったことを見落としていた。[3]

例えばこう記される。「世間の邪魔・外道……の妄説を信じて禍福は生ぜん。……卜問して禍をもとめ、種々の衆生を殺さん。神明に解奏し……福祐を請乞し延年を冀わんとするについに得ること能はず。……倒見してついに横死せしめ、地獄に入りて出期あることなし。」「毒薬・厭祷・呪詛し……、中害せらる」（『本願薬師経』から）。「吉凶の相を執して鬼神を祭りて……極重の大罪悪業を生じ無間罪に近づく」（『地蔵十輪経』から）。

ここからだけでも、神仏祈祷・呪術信仰の除災招福が虚言の「妄説」で民衆を欺く（波線部）だけでなく、民衆に災禍をもたらし民衆を圧殺する堕地獄の業だ（傍線部）との、すさまじい親鸞の批判が窺える。この激しさの背景には、災害苦に対する祈祷や呪術の無力・偽りの痛烈な認識（「恵信尼消息」が証言する、親鸞自身の読経による被災者救済の反省も含め）がある。そして、卜占祭祀に頼る朝廷の災害対策が無力のみならず被災者放置・祭祀費用の民衆負担などで民衆を見殺し苦しめるとの在地の嘆き（磯貝2013）への切実な共感、さらには神仏祈祷・呪術信仰による穢れを理由にした民衆呪殺（片岡2013）の痛歎があったと推定される。もとより親鸞に直接の言及は見られない。だが、今見た引用の傍線部の激烈さは、この推定抜きにはとても理解できない。さらに「化身土巻」には、災害は人災で自然の罪ではないとの記述が随所に見られるが（『維摩経』から、暴風洪水は「盲者の過で、日月の咎にあらず」等）、それは祈祷・呪術は民衆を鬼神頼みに走らせ、生への〈自己努力〉を妨げ解体すると見ていたことも示している。

かくして親鸞はこう結論する。「邪を信じ、鬼に事へ、神魔」崇めて福を願う者には、「災障禍が横ざまにうたたいよいよ多し。……如何ぞ捨てて弥陀を念ぜざらん」（善導『法事讃』から）。これは、正統派の現世安穏論がかえって災禍をもたらし、念仏こそが〈災害社会〉における現世安穏への応答だとの宣言と言えよう。

そのことは、『現世利益和讃』での善神尊重が、「七難（旱・大雨・洪水・疫病・兵乱など）消滅の誦文（＝呪文）には南無阿弥陀仏を称ふべし」に基づくことにも示される。そして、念仏者護持の善神尊重は、通説が言う妥協や単なる対機説法でなく、「化身土巻」の記述に基礎づけられており、それは神祇・呪術〈不帰依〉を前提とした神祇の新しい位置づけ（前田 2017）を意味している。そこでは善神は念仏による〈生の自己努力〉を護る存在であると強調され、それは民衆が生業において素朴に崇拝する自然神であることが示唆されている（仏は、仏法者を「護持養育」する神を、山野・河泉、海中等に配置した、と：『月蔵経』）。

三　既成倫理の否定と倫理への基本視点

親鸞教学から倫理思想を分析する第二の媒介的契機は、正統派の諸行往生論否定の社会的意味である。なぜなら諸行往生論は仏教倫理を内包していたからである。例えば『観無量寿経』が説く「世福」は「孝養父母、奉持師長、慈心不殺、修十善戒（不殺生・不偸盗等）」、また『心地観経』に拠り四恩（天地の恩、国王の恩、父母の恩等）への報恩も含めていた。そしてこれにより、武士・民衆の生業は「十悪（十善否定）・五逆（親殺し・仏法破壊の罪）」と社会通念化され、民衆は堕地獄の悪人と見なされた。

そしてこの仏教倫理は、神仏習合による王法仏法相依の国家体制の中で荘園制社会の支配倫理として機能していた。国家神・氏神帰依は神仏習合で仏帰依と等置され（皇祖神は大日・弥陀、護国神かつ源氏神の八幡神は弥陀、藤原氏神の春日明神は十一面観音、等）、仏法外護の王法（朝廷・主君・荘園領主の命令）背反は仏教背反の極悪（堕無間地獄罪）とされた。これにより、無主の地の荘園化に抵抗する民衆の生の努力は、荘園内の生業（猟漁・農林業）は殺生罪、年貢の拒否・滞納は偸盗罪であり、これらは神仏領その他の荘園を守護する神仏背反の極悪とされた（亀山 2012）。（逆に、武士の公的戦闘始め神仏の意志・王命・君命による殺生等は仏の慈悲行・善行とされた。亀山 2019a）。

かくして諸行否定の専修念仏は、造悪無碍（倫理否定）

の反国家（反社会）の邪教＝反仏教の堕無間地獄の極悪と非難・弾圧された訳である。これに対して親鸞が正統派の諸行往生論の虚偽性を鮮明化したことは、荘園体制下の仏教倫理を事実上否定したことを意味した。

以上を踏まえて、親鸞の倫理への基本的構えは以下のように整理される。

①根本は、煩悩の人間が作る善（倫理）・世俗社会は虚仮で、念仏のみが真実である。「煩悩具足の凡夫、火宅無常の世界は、万事みな以て虚ごと・戯ごと、真あることなきに、ただ念仏のみぞ真にておはします」（『歎異抄』後序）。以下、これを前提に②「世間の善」（世俗倫理）は邪義の「外道」（道教・儒教、神道）である（化身土巻）。③正統派諸行往生論の既成仏教倫理は、末法の「時機不相応」の「虚偽」である（『教行信証』後序。末法の人間に不可能な「自力」倫理を強制する虚仮であり、外道の神祇に屈服して民衆を殺傷・抑圧する邪義の世俗倫理に堕す）。④正像末史観により末法は「無戒」（伝統的仏教倫理不在）の時代である（『教行信証』化身土巻）。即ち、釈迦在世と直後の正法時代は教（仏説）・行（戒律と実践）・証（自力得悟）が存在したが、次の像法時代は教・行は存在するも破戒が多く証はなく、末法時代は教のみ存在し、証だけでなく行（戒律）も失われた時代である。それゆえ、親鸞の肉食妻帯含めて破戒の悪はありえず、「無戒」の求道者が存在しうるのみである。⑤末法における真実（善）は弥陀の慈悲のみであり、真の求道者は煩悩具足の念仏者のみである。

この基本的構えから、戦争加担の真俗二諦論の根本的誤りを「俗諦」（虚仮の天皇制国家を世俗的真理とする）を立てた点に見て、親鸞浄土教の倫理的意義は専ら世間倫理の虚仮性批判にあることが強調される（山崎 1996）。それ自体は重要な論点だが、問題は、親鸞においては結局、倫理は不在となるのか、である。

四　親鸞における〈浄土の倫理〉と還相回向論による基礎づけ

在家主義の原点からは、〈災害社会〉の民衆の生の〈自己努力〉の内に他者関係がないとは考えられず、親鸞の念仏の勧めにおいて倫理の位置づけはまちがいなくあった。

その直接の手掛かりは、門弟への造悪無碍の戒めと悪行の厳禁である。「凡夫なればとて何事も思う様ならば、㋐盗みをもし㋑人をも殺しなんどすべきかは。……念仏を申す程になりなば、元僻うたるb心も思い直してこそあるべきに……悪苦しからずと言ふこと、ゆめゆめあるべからず」（消息三七）、「我往生すべければとて、ａすまじきことをもし、ｂ思ふまじきことを思ひ、ｃ言ふまじきことを言ひなどすることはあるべくも候はず」（消息四）。

従来はこれを「自力」倫理と見て、弾圧回避のため既成倫理（世俗倫理・正統派の仏教倫理）遵守の勧め＝妥協と解釈し、あるいはやや穿って、倫理の勧めにより逆に、「宿業」故の殺人の意志的回避や「聖道の慈悲」（「自力」倫理）の不可能性（『歎異抄』十三、四条）の自覚へ導く逆説的方便と解釈してきた（森1961等）。前者は近代の真俗二諦論と同じく信仰＝念仏と倫理の切断、後者には「自力」と〈自己努力〉の混同がある。だが、傍線部が示す㋐殺人・㋑盗みや身口意の三悪業（ａｂｃ）の絶対禁止のトーンは、明らかに倫理への〈自己努力〉の強い教示である。そしてそれは、先の基本的構えから言って、外道による世俗倫理、末法時代の虚偽の正統派倫理ではありえない。であるなら、弥陀の慈悲が回向する他力の倫理、言わば〈浄土の倫理〉でしかありえない。この倫理への〈自己努力〉を弥陀の回向と〈領解〉するところに他力の信心が成立するのである。それは、「弥陀の御方便に催されて、弥陀の誓いを聞き始めて……元は無明の酒に酔いて㋒貪欲・瞋恚・愚痴の三毒を」「好」むも、「無明の酔いも少しづつ醒め三毒を少しづつ好まず、阿弥陀仏の薬を常に好む身」になれたのだ（消息二）との説諭に示されている。

そこから〈浄土の倫理〉の規範は、まずは通仏教的在家倫理の内容（十善）[4]を前提することが窺える（前記㋐㋑㋒、ａｂｃ）。もとより虚仮の「自力」（戒）でなく、弥陀回向により正法時代の「自力」倫理が末法の時機相応の他力倫理へ歴史的に転換されている。

さらに〈浄土の倫理〉ゆえの新しい規範も照射される。それを示すのが『歎異抄』四～六条であり、これは前述の中世仏教共有の『観無量寿経』所説の「世福」の再解釈からもたらされた（桜井1986）。前述の十善に加え、「慈心」は「聖道の慈悲」から「浄土の慈悲」へ転換され（四条）、「孝養父母」は「自力」孝養の否定と共に父母限定でなく一切衆生に向けられ（五条）、「奉持師長」は師及び社会的上位（長）への服属関係の否定と、弥陀の前の万人平等の社会的関係へと転換されている（六条）[5]。

これらは単なる対機説法でなく、主著『教行信証』信巻で掲げる「現生十益」が含む「転悪成善の益」、「常行大悲の益」等により裏づけられている。それは、この〈浄土の倫理〉が親鸞教学の根幹に位置づくことを示す。

親鸞は、『教行信証』教巻の冒頭で、「浄土の真宗」（他力念仏の教え）の根幹は、弥陀の二種回向であると宣言している（亀山 2012）。それは往相回向（凡夫を往生成仏させる方向）と還相回向（凡夫を煩悩世界に還って利他の働きをさせる方向）のセットを意味する。だが近代親鸞論は、一方で〈個人主義〉（自己の往生のみに関心）から、他方で〈合理主義〉（還相を専ら死後成仏後の蘇生と短絡[6]して非合理と見る）から、還相回向を無視し往相回向一辺[7]倒に陥っていた（桜井 1995、末木 2016 等）。

だが親鸞の現生主義は、還相回向がまさしく現生に働くことを強調していた。そのことは何より、『教行信証』証巻でその七二％もの分量を割いて還相回向（「補処」の位）が記述されることに示されている（往相回向：「正定聚」の位は二八％）。言うまでもなく、この書では「教」（『無量寿経』）、「行」（念仏）、「信」（本願の信）、「証」（覚り：救いの証し）はすべて、末法の人間の現生への現れである。なら還相回向もそうであり、現生の人間を利他活動へ向かわせる働きと解すべきである。そもそも仏の利他活動は大乗仏教の大前提で、死後成仏後の利他活動は自明であり[8]、それを現生の人間にわざわざ強調する意味がない。敢えて眼前の念仏者にそう強調するのは、現生での還相回向（凡夫の心指しの利他振り向け）の教示としか考えられない。

親鸞が「還相回向といふは、すなはちこれ利他教化地の益なり」（証巻）と現益を明言し、念仏者は弥勒菩薩に等しいと強調する（『正像末和讃』）のは、その証左である。利他教化地は成仏直前の菩薩の境位であり、仏自体の利他とは次元が異なる。それ故、還相回向は往生成仏以前、現生の菩薩等同の住正定聚の次元での弥陀の働きとなる。

和讃でも還相回向は現生のことと繰り返し強調されている。「如来の回向に帰入して、願作仏心を得る人は、自力の回向すてはてて、利益有情は際もなし」、「弥陀智願の広海に、凡夫善悪の心水も、帰入しぬれば即ちに、大悲心とぞ転ずなる」（『正像末和讃』）などと。

そして、往相回向と還相回向は念仏者の現生において相即することが強調される。「弥陀の回向成就して往相還相二つなり、これらの回向によりてこそ、心行（安心と利他行）ともに得しむなれ」（『浄土和讃』）、「真実信心得る故に、即ち定聚に入りぬれば、補処の弥勒に同じくて無上覚をさとるなり」（『正像末和讃』）と。そして、現生で「覚」とは願う往生成仏間違いなしの大安心（に向かわされること）がそのまま衆生救済＝利他行に向わされることだと、強調している。「願作仏の心はこれ度衆生の心なり、度衆生の心はこれ利他真実の信心なり」（『高僧和讃』）。

ちなみに親鸞においては現生での還相回向（利他）の根本は、往相回向（自利）とセットの他者への念仏成仏の勧めである。「自利利他円満」とは「自らも仏になり、衆生も仏になることを円満すといふなり」（『浄土和讃』左訓）。問題は、この念仏の勧めは心の平安の勧めに還元されるか？である。近年の死者との関わり論等で還相回向を言う議論でも、なお近代主義の枠内で利他とは念仏＝安心の勧めのみに止まる解釈が強いように思われる(9)。

だが、在家主義の原点に立ち帰るなら、現生での還相回向の念仏の勧めは同時に社会生活次元での利他救済活動を含むと見るべきと思う。そのことは、曇鸞『論註』により、還相回向の働きを「出第五門」で「衆生の苦悩」に応じた「応化身」を示すこととし、それを七難を救う観音「普門示現の類」と例示する（『教行信証』証巻）ことからも窺える。その点で、還相回向の念仏の勧めは「大安心」（住正定聚）を基本としつつ、念仏による「新しい人間関係」（〈浄土の倫理〉）を生きること（桜井 1995, 1986）、あるいは「還相の菩薩」の「社会的実践を含む諸行」を意味し（末木 2016）、さらにはそこに貧苦・病苦の救済をも含む（竹村 2020）との解釈は極めて重要である。

五　〈浄土の倫理〉のめざす窮極の理想世界と浄土の現生顕現論による基礎づけ

〈浄土の倫理〉が親鸞教学の根幹に位置づくことを照射するもう一つの重要な論点は浄土論にある。前述のように親鸞は〈災害社会〉の中で在家主義に立ち、浄土教を来世主義から現生主義へと転換した。それを原理的に可能にしたのは、浄土を死後の実体的世界でなく、現世と共時的異次元の超越世界とし、そこから念仏を通して煩悩凡夫に働きかける超越的力と位置づけたことであった。

『教行信証』真仏土巻では、真の阿弥陀仏は無限の智慧（光）・命を本質とし、真の浄土はその無限の光の世界（「光明無量土」）であることを明確化した。そして「行巻」で、阿弥陀仏の働きの現世・凡夫への唯一の直接的現れは名号：南無阿弥陀仏であり（「名体不二」、桜井 1995）、凡夫が称える念仏は阿弥陀仏の「大行」だと位置づけた。そこから民衆に対しても専ら、弥陀・浄土は無限の光として凡夫を照らすと説いた（『浄土和讃』等）。そして正統派が説く臨終来迎の阿弥陀仏・死後の極楽世界は、真の浄土に導く方便の化身・化土に過ぎず、ここに止まることは弥陀の本願背反の罪と厳しく否定した（『教行信証』化身土巻、『仏智疑惑和讃』）。

このことは阿弥陀仏と浄土の超越的働きは現生を生きる〈自己努力〉にこそ現れることを意味し、それが念仏を通した弥陀の二種回向（往生決定の大安心と〈浄土の倫理〉）であった。それを象徴的に示すのが、「横に五趣八難の道を超え」る念仏の「現生十益」と言えよう。改めて、敢えて単純化して全体を概観すると、それは、冒頭に①自然神など「冥衆護持の益」をあげて、言わば生存活動の保護を前提的に示し、続いて②「至徳具足の益」をあげて、名号の徳（弥陀の働き：二種回向）が身に具わることを総括的に示す。その上でそのポイントが、④「諸仏護念の益」と⑤「諸仏称賛の益」の中で、一方で往相回向では⑥「心光常護の益」、⑦「心多歓喜の益」、還相回向では③「転悪成善の益」、⑧「知恩報徳の益」と列挙され、最後の二つで、還相回向は⑨「常行大悲の益」、往相回向が⑩「入正定聚の益」と締めくくられる（『教行信証』信巻）。

そこには弥陀・浄土の働きが煩悩凡夫のありようの転換（浄化）として顕現することが示されている。和讃でもこう強調される。「五濁悪世の衆生の、選択本願信ずれば、不可称不可説不可思議の功徳は行者の身に満てり」。「南無阿弥陀仏を説けるには、衆善海水の如くなり、かの清浄の善、身に得たり」（『高僧和讃』）。「清浄光明ならびなし、遇斯光の故なれば、一切の業繋も除こりぬ」（『浄土和讃』）。

ここから親鸞においては、浄土は現世と離れた別世界の理想郷でなく、まさしく現世に「将来する浄土」、現生に顕現する浄土（長谷 2018）であり、さらには弥陀の働きの顕現による世界の浄化・転換とそれによる現世の理想世界を展望していたことが窺える。

このことを曾我（1977）は、「此の世を浄土にする」・「地上に楽土を建てる」のが「本願の最後の目的」だと強調する。だがこの表現は一方で、末法の煩悩凡夫の世界と無限の光の浄土世界との区別をなくし浄土の超越的意義を曖昧にする危険がある。他方では『無量寿経』が説く四八願成就の楽土の地上建設とイメージされやすく、浄土を実体的世界と見る誤解を与える。それに四八願は、一面では飢餓・殺傷不在や万人平等の比喩的表現が見られるも、他面では黄金や財宝に満ちた死後の空想的極楽の描写も多く、親鸞はそれを化身土として否定していた。

その点では、親鸞が展望した現世の理想世界は、むしろ同じ『無量寿経』に示される、仏の教化によって三毒の煩悩凡夫の五悪を滅した世界と見るのが妥当と思われる。

と言うのもまず、そこで描写される三毒による五悪の以下の様相はまさしく親鸞が日の当たりにした末法（〈災害社会〉）の世相とリアルに重なるからである。[10] ①強者が弱者を抑圧し殺害す。②人民・君臣・仲間・家族が恣意のまま欺き誑かし合う。③貧富賢愚の差別社会で徒党を組んで相い争い奪い殺害す。④妄語など四悪口業により誹謗闘乱し、人倫五常なし。⑤働かず放蕩三昧で、天地（の道理）に悪逆して呪術に頼り、眷族が飢寒し困苦す、と。特に⑤は親鸞の呪術批判とぴったり重なる。

そして五悪を滅した世界はこう記される。「仏の遊覆するところの国邑・丘聚（人々）、（仏の）化を蒙らざるはなし。天下和順し日月清明たり、風雨時を以てし災厲起こらず、国豊かに民安んじ、兵戈用いることなし。（人々は）徳を崇め仁を興し、勤めて礼譲を修む」と。そこには、殺人始め身口意の五つの悪業廃絶による戦争・抑圧・差別なき理想社会が鮮明に示されている。

注目すべきは、この世界は別世界でなく仏によって教化される現世とされることである。それは、親鸞が強調する弥陀の還相回向が現生における「利他教化地」と強調されるのと重なる。さらには、この世界が弥勒菩薩に対して阿弥陀仏帰依の教示と共に説かれるのも、この世界が弥勒等同の還相回向・〈浄土の倫理〉の徹底の帰結の窮極的理想世界として想定されていたことを示すと言えよう。[11]

もとより現実の人間界は超越的世界（真如の浄土）と区別されるから浄土それ自体ではない。そして、現生における弥陀の働きはどこまでも煩悩凡夫を通してであるから、現世におけるこの理想世界の完全な実現はありえない。その意味で、現生における弥陀回向の〈浄土の倫理〉実践は本質的に、この永遠の理想世界への不完全で及ばずながらの無限漸近の道なのである。

そのことは、親鸞がこの道の現実モデルを聖徳太子（弥陀分身の観音菩薩の化身）の十七条憲法に見たことからも窺える。親鸞は太子を、民衆（念仏者）を保護育成し、弥陀の二種回向（安心と〈浄土の倫理〉）に導いたと評価する。「聖徳皇のお憐れみに、護持養育たえずして、如来二種の廻向に、すすめいれしめおはします」（『聖徳奉讃』）。そして次に示すように、太子の仏法（念仏）による国作り（十七条憲法）の讃歎の表現ア（『聖徳奉讃』）は、門弟説諭の念仏の社会的意義の表現イ（消息二五）と重ねられている（傍線部a、b、c）。

ア「十七の憲章作りては皇法の規模とし給へし、a朝家安穏の御のりなり、国土豊饒の宝なり」。「憲章の第二に宣はく、三宝（→念仏）に篤く恭敬せよ。b三宝よりまつらずば いかでかこの世の人々のc曲がれる事を正さまし」。イ「c世に曲事の起こり候ひしかば……b念仏を深くたのみて、a世の祈りに心に入れて申し合わせ給ふべし……a朝家の御ため国民のためにb念仏申しあはせ給ひ候ひしかばめでたう候べし。……わが身の往生一定と思しめさん人は、……御報恩の為に御念仏心に入れて申して、a世の中安穏なれ、仏法弘まれと思し召すとぞ覚え候ふ」。

終わりに――自己悲嘆の意義

以上、親鸞において〈浄土の倫理〉は、弥陀絶対帰依の教義の根幹に位置づくこと、それは弥陀回向によって五悪なき平和で抑圧なき豊かな永遠の理想世界への無限漸近を展望していたことを確認した。それにより、親鸞浄土教（徒）が信仰内在的に、反戦平和・反抑圧運動や共生社会実現に連帯しうる根拠があることを確認した。その点で決定的に重要なのは、親鸞においては〈浄土の倫理〉への〈自己努力〉は痛切な自己悲歎と不可分なことである。

親鸞は生涯、「悲しきかな愚禿鸞、愛欲の広海に沈没し名利の大山に迷惑して、……真証の証に近づくことを快しまず。恥づべし傷むべし」（『教行信証』信巻）と悲歎し続けた。八六歳の『愚禿悲歎述懐』でも、「浄土真宗に帰すれども真実の心はあり難し、虚仮不実の我が身にて清浄の心もさらになし」から始まって、「小慈小悲もなき身」、「悪性さらにやめがたし、心は蛇蝎の如くなり」などと痛歎した。近代主義の親鸞論は、これを女犯などの破戒・性欲（石田 1981）や殺生不可避の人間の根源悪の悲歎（伊藤 2001）などと解釈してきた。だが性に悩んで法然に入門した若き日ならともかく、八六歳の超高齢者が、何より無戒の悪人ゆえに弥陀の救いに与ると慶び民衆にも勧めて五〇年も経って、そんな自己悲歎はありえない。そもそも肉食妻帯は弥陀（分身の観音）の教命によるのであり（「夢記」）、そんな自己悲歎は弥陀への反逆である。

親鸞の自己悲歎はそうでなく、傍線部が象徴的に示す如く、弥陀の本願に帰依しながらなおそれに徹しきれない（真実の信心を持ちえない）自己の「悪性」（弥陀背反の罪悪性）の悲歎なのである。それは弥陀回向の他力念仏の実践が煩悩我執ゆえに「自力」念仏＝本願背反に逆転していることの自己悲歎である。それ故また、弥陀の慈悲に導かれての〈浄土の倫理〉の〈自己努力〉が煩悩我執ゆえに「自力」倫理に逆転し、主観的には弥陀随順のつもりが客観的結果的には弥陀の慈悲・〈浄土の倫理〉に背反している自己の悲歎なのである。

もとよりそれは弥陀の慈悲・〈浄土の倫理〉に照らされるが故の気づきであり、自己悲歎である。そして弥陀帰依はこの自己悲歎を通して弥陀讃歎と相即して螺旋状に一層深まり（二種深信）、その自覚が弥陀報恩の念仏となる（新保1985）。〈浄土の倫理〉の実践は、それに反する自己悲歎とそれ故の弥陀報恩の念仏への〈自己努力〉[12]を通して逆説的に螺旋状に深まるという構造をなしていると言えよう。「南無阿弥陀仏の回向の、恩徳広大不思議にて、往相回向の利益には還相回向に回入せり」、「如来大悲の恩徳は、身を粉にしても報ずべし」（『正像末和讃』）。

このことは弥陀の慈悲による〈浄土の倫理〉は、親鸞浄土教（徒）の共生社会運動連帯の内在的原理であると共に、この運動に対して、それが理想とは逆の抑圧運動に転化していないかを不断に自他に問いかける原理でもあり、この問いかけこそが親鸞浄土教（徒）の共生社会運動への独自の寄与でもある事を示していると言えよう。

付記：本稿で親鸞からの引用は、便宜的に『浄土真宗聖典』（本願寺出版社）に拠り、適宜漢字仮名交じり文にしてある。

注

（1）親鸞自身も念仏の中で生の〈自己努力〉を続けていたことは、死直前の遺言で遺族の生活保護を東国門弟に懇望していたことが象徴的に示している（消息三六）。

（2）他力念仏を『無量寿経』に拠って基礎づけ、大乗仏教二大流派のインドの中観派・竜樹や唯識派・世親、特にその浄土論と中国の曇鸞の註釈を軸に善導等に依拠しつつ、正統派が法然批判の論拠とする『観無量寿経』諸行往生論や「自力」念仏を勧める『阿弥陀経』との関係を弁証し、『涅槃経』など正統派も依拠する多様な経典を援用しての壮大な仏教史的論証となっている。

（3）その背景にはこの記述がすべて経・論の引用のみということがあるかもしれない。だが、何をどう引用するかに親鸞の意図があると見るのは当然である。神仏習合・外道信仰＝非仏教の指摘だけなら、こんな大量の引用を要しない。座禅に仏道を純化した道元が『正法眼蔵』で、仏道に外道・神祇は不要の一言のみで済ませているのと対照的である（東隆真1984「曹洞宗と神祇」大宝輪閣『大宝輪』第51巻10号）。

（4）十善とは、三身業（不殺生、不偸盗、不邪淫）と四口業（不妄語、不両舌、不悪口、不綺語）と三意業（不貪欲、不瞋恚、不愚痴）である。これは仏教倫理の通仏教的（〈普遍〉的）なミニマムであり、竹村（2016）も現代の新仏教倫理として注目する。そこには、心の転換は外的な身体的行為・言語行為の転換と一体とする大乗仏教の基本思想が凝縮され、近代内面主義との違いを示す。

（5）社会的関係の平等への志向はすでに法然門下にも見られ、熊谷蓮生は仏法聴聞の際の貴族との「差別」待遇を浄土の平等違反と批判していた（亀山 2003）。

（6）この短絡は、還相回向の直接の典拠とする曇鸞『論註』が「還相とは彼の土に生じ終わりて……生死の稠林に回入して一切衆生を教化」（証巻）とし、また親鸞が往生成仏それ自体は死後と見ていたこと（『教行信証』信巻、消息十五）が根拠とされてきた。確かに生身の成仏は不可能で、往相回向を現生往生と解釈することによって現生の還相回向を言うのは無理がある。だが親鸞が往生成仏以前の現生正定聚において「等正覚」（仏＝利他に等しい覚り）を得ると述べ、後述の如く還相回向を現生の益と強調するので、往相還相を時間順序でなく、凡夫の現生の心指しを向けさせる二方向（自己の煩悩界脱出：往生の方向と、煩悩界での利他に還らす方向）と再解釈したと見るのが妥当である。

（7）いち早く親鸞における二種回向の不可分を強調したのは、「般若即非」（区別即同一）の論理で禅念仏一味を説いた鈴木大拙だった。だが、死後往生論の浄土穢土の時空的二元論の否定による現生往生（弥陀凡夫の一体化＝心は浄土）論に収斂し、現生での二種回向の区別を無化させてしまった（『浄土系思想論』1942）。それ故、他方で大乗仏教の倫理を強調し、現実社会の「社会主義」化をも展望しながら、還相回向と明示できなかった。

（8）正統派浄土教にも死後成仏後この娑婆世界に戻って衆生利他を願う思想は存在していた（一〇世紀の千観『十願発心記』、末木 2016）。法然の弟子・蓮生（熊谷直実）も『観無量寿経』により、往生後直ちにこの世に還って衆生を救済するべく上品上生を願った（亀山 2003）。

（9）父母など亡き人や師その他が現生の人間に念仏を勧めたり、念仏の機縁となることを指す場合が多いようだ（小谷信千代『親鸞の還相回向論』法蔵館、2017）。

（10）『教行信証』信巻は三毒五悪を描く『無量寿経』の三毒の様相を彼が生きた末法の現実として引用している。それは五悪の様相も同様に見ていたことを窺わせる。

（11）親鸞に直接言及がないのは、五悪（それを滅した理想）の現世の描写がそのリアルさ故に〈災害社会〉の民衆（寄り添う仏道者）の願いの自明の大前提だったからと思われる。末世の凡夫を三毒煩悩の「恩愛のつぶね」と評した『沙石集』はその一端を示す。「末世は、父子・兄弟・親族・骨肉あだを結び、盾を突き門柱対決し境を論じ処分を諍ふ。……父子兄弟眷族不和なる時は、天神地祇も人を助けず守り給はず。さるままに、飢饉・疾疫・兵乱の災難しばしば来る。心憂き末世の習ひなり」（巻九）。

（12）田辺元『懺悔道としての哲学』（1945）は親鸞の信を懺悔道と捉え、「懺悔を媒介」とする弥陀の「救済」（往相回向）は「還相回向の報謝行」＝「倫理」・社会建設において「証」されるとした。だが、懺悔→救済→新生行為の一方向のキリスト教的解釈で、親鸞の弥陀背反悲歎、及びそれと弥陀讃歎（救済）の弁証法的循環の永続構造とは異なる。何より田辺の戦争「懺悔」は、専ら降伏＝国家消滅を招いた無力感でしかなく、無数の殺傷・抑圧に加担した罪悪感がない点で、親鸞の悪人悲歎の核心が〈浄土の倫理〉背反の他者危害にあったのとは全く異なる。

参考文献

赤松徹真 2004「親鸞思想の革新性」『信の念仏者　親鸞』吉川弘文館
石田瑞麿 1981『苦悩の親鸞』有斐閣
磯貝富士男 2013『武家政権の成立史』吉川弘文館
伊藤益 2001『親鸞――悪の思想』集英社新書
片岡耕平 2013『穢れと神国の中世』講談社選書
亀山純生 2003『中世民衆思想と法然浄土教』大月書店
亀山純生 2012『〈災害社会〉・東国農民と親鸞浄土教』農林統計出版
亀山純生 2014「共生社会論と仏教の〈イデオロギー的意義〉」関西唯研『唯物論と現代』五一、文理閣
亀山純生 2019a「中世仏教における戦闘殺傷肯定の論理」関西唯研『唯物論と現代』六〇、文理閣
亀山純生 2019b「近代の親鸞教団と親鸞主義における天皇制国家従属と戦争肯定の論理」東京唯研『唯物論』九三
亀山純生 2020a「中世仏教における動物観の思想的展開」動物観研究会『動物観研究』二五
亀山純生 2020b「日本仏教が社会変革運動と共振しうる主体的条件」村岡到編著『宗教と社会主義の共振』ロゴス
桜井鎔俊 1986『歎異抄を読み解く』春秋社
桜井鎔俊 1995『教行信証を読む』法蔵館
新保哲 1985『親鸞　その念仏と報恩思想』吉川弘文館
末木文美士 2016『親鸞』ミネルヴァ書房
曽我量深 1977『本願の国土』（講義集第二巻）、彌生書房
竹村牧男 2016『ブッディスト・エコロジー』ノンブル社
竹村牧男 2020「往生のそのさきについて」親鸞仏教センター『現代と親鸞』四二
田代俊孝 1987「親鸞の神祇観」日本仏教学会『仏教と神祇』平楽寺書店
寺川俊昭 1985「親鸞の批判的精神」千葉乗隆・幡谷明編『親鸞聖人と真宗』吉川弘文館
長谷正當 2018『親鸞の往生と回向の思想』方丈堂出版
前田壽雄 2017「『親鸞伝絵』箱根霊告段をめぐる問題と親鸞の神祇観」本願寺派総合研究所『浄土真宗総合研究』一一
山崎龍明編 1996『真宗と社会』大蔵出版
森竜吉 1961『親鸞　その思想史』三一書房

（かめやま すみお・倫理学／日本思想史）

論文

文化進化に関する新たなアプローチ

入江重吉

はじめに

本稿でテーマとなる「文化進化」は「生物進化」との対比で問題とされる。もちろん、そうした対比が問題となった当初は、生物進化の流れの中で文化進化が取り上げられた。『世界大百科事典』によると、「生物進化の思想は一九世紀後半の西欧を風靡するにいたったが、大発見時代以来発見されてきた未開民族、異民族の社会や文化を、進化論的観点から一般化しようという試みがなされた。初期の人類学はこうした文化進化論に基づいていた。文化進化論は、あらゆる文化は低次から高次へ直線的に同じ段階をたどって進化することを文化の諸様相について論じた。イギリスのE・B・タイラーは、宗教がアニミズムに発して多神教にいたり、やがて一神教に発展したと論じ、J・G・フレーザーは呪術→宗教→科学という発展段階を唱えた。アメリカのL・H・モーガンは、社会の発達を、蒙昧、野蛮、文明の三段階に分けて進化論を展開した」(『世界大百科事典』の「文化進化」の項目、参照)。

こうした文脈では、進化は進歩と同一視された。しかし、両者は区別されねばならない。進化は必ずしも進歩を意味しないのである。これはすでにダーウィンも確認していたことである。生物進化並びに文化進化において起こることは、多様性の展開である。ただし、生物進化においては生物種の多様性が起こるのに対して、文化進化においては、単一の種(人類)による道具や建築物、社会制度など文化の多様性が出現するという違いがある(ヴケティッツ『進化と知識』入江重吉訳、法政出版、一九九四年、一七二〜一七六頁、参照)。

そうだとすると、文化進化は生物進化とは断絶したものということもできるのか。実際、ベルクソンなどは「生の跳躍」ということで、生物進化と文化進化の不連続を強調した。しかし、精神的物質的な意味での文化という営みは人類に特有なものであることは確かだとしても、本当に生物進化の中にはその手掛かりさえまったくないものなのか。それとも、文化という営みの根源は生物進化の中に見出せるものなのか。

そもそも、文化進化が生物進化と不連続であると言われるゆえんは、前者において、自らの環境を改変する能力が見られるからであるが、しかし、後者においても、そうした主体的な能力が、下等とも言われる生物に存在するのである。例えば、ミミズである。

オドリン＝スミーは、生物体が自らの環境を改変する能力を「ニッチ構築」(niche construction) と呼び、その事例の一つとしてミミズをあげている。すなわち、ミミズが陸上の環境で生存できるのは、トンネルを掘る、粘液を分泌する、落ち葉を地面の下に引き込む、炭酸カルシウムを排出するなどの活動を通して、自分により適したニッチを構築しているからにほかならない。ミミズはその活動によって環境を大幅に変化させる、と(オドリン＝スミー他『ニッチ構築』佐倉統他訳、共立出版、二〇〇七年、三〇三〜三〇四頁、参照)。

実は、世界の歴史において果たしてきたミミズの重要な役割をおそらく初めて指摘したのは、かのチャールズ・ダーウィンであった。一八八一年に公刊した『ミミズと土』の中で、ダーウィンは言う。すなわち、「広い芝の生えた平地を見るとき、その美しさは平坦さからきているのだが、……このような広い面積の表面にある表土の全部が、ミミズのからだを数年ごとに通過し、またこれからもいずれ通過するというのは、考えてみれば驚くべきことである。鋤は人類が発明したもののなかで、最も古く、最も価値あるものの一つである。しかし実をいえば、人類が出現するはるか以前から、土地はミミズによってきちんと耕され、現在でも耕されつづけているのだ。このような下等な体制をもつ動物で、世界の歴史の中でそんな重要な役割を果たしたものが他にいるかどうか疑うむきもあるだろう」(ダーウィン『ミミズと土』渡辺弘之訳、平凡社、一九九四年、二八四〜二八五頁、参照)。なお、ダーウィンは、その後に続けて次のように言う。「しかしながら、さらに下等な体制をもつ動物、すなわちサンゴのなかには、大洋の中に無数のサンゴ礁や島を築くという、もっと顕著な働きをするものがいる」（二八五頁）と。すなわち、すでにダーウィンはミミズとサンゴのニッチ構築を認めていたのである。

さて以下では、ヒトの文化進化、ニッチ構築を、まずはダーウィンの記述をベースに見ていく。それに続いて、文化進化に関する近年の議論、とくに新たなアプローチを検討することにしたい。

一　文化進化とダーウィン

ダーウィンは『人間の由来』において、他の動物とヒトとの連続性ないし共通性を指摘するとともに、他の動物とは異なるヒトの特殊性を認めている。このヒトの特殊性は文化進化によって促進され明確になった。

ダーウィンの記述は、以下のように整理することができる（ダーウィン『人間の由来』——池田次郎・伊谷純一郎訳『人類の起源』中央公論社、一九六七年［一八七一年］、筑波常治『人類の知的遺産47　ダーウィン』講談社、一九八三年、参照）。

第一に、哺乳類の中で基本的構造が比較的特殊化していないこと。この点は、いわゆる人間の生物学的欠陥ないし本能の退化、ひいては人間の知的能力と関連する。

第二に、直立二足歩行について。ダーウィンは、直立二足歩行をヒト化過程の先行条件として重視し、それが防御、獲物の捕獲、食料の獲得にもたらす利益を強調した。自由な把捉手の使用、脳容量の増大などの前に直立二足歩行が始まった、とするダーウィンの見解はおそらく正しいであろう。だが、なぜ、いかにして直立二足歩行が始まったかについては、狩猟仮説、採集仮説、種子食者説、対ヒヒ競争仮説などの諸説があって、この論争の決着はついていないようだ（黒田末寿他『人類の起源と進化』有斐閣、一九八七年、参照）。

第三に、手による道具の製作使用について。ダーウィンによると、人間は完全な手（自由な把捉手）の使用によって石器や釣針などの道具を製作することができた。手が自由になるための不可欠の前提が、直立二足歩行であった。ダーウィンによると、「手や腕は、それが移動とか体重の支持のために習慣的に用いられたり、木に登るのに役立っている間は、武器をつくったり、石や槍をちゃんと狙いをつけて投げることができるほど、完全なものにはなり得なかった。移動や支持などという、手のいわば乱暴な使用は、手を細かく器用に用いるのに必要な触覚を鈍らせたことであろう」（ダーウィン『人間の由来』――池田次郎・伊谷純一郎訳『人類の起源』中央公論社、一九六七年［一八七一年］、一一〇～一一一頁、参照）。

第四に、脳容量の増大と顔面（口吻）の縮小、小犬歯について。ダーウィンによれば、人間の初期の祖先の男性は、大きな犬歯をそなえていた。しかし、敵や競争相手と戦うために、徐々に石や棒などの武器を用いる習慣を身に付けるにつれて、顎や歯を使うことはしだいに少なくなった、という。さらに、顎骨や歯の退縮とともに顔面の縮小がもたらされた。顎骨や歯の退縮は、石器や火の使用により柔らかい食物を咀嚼するようになったこととも関連している。

第五に、火の利用について。ダーウィンによれば、人間は火をおこす技術を発見し、それによって固い繊維質の根を消化しやすくし、毒を持った草の根や葉を無害にすることができる。おそらく、人類がこれまでに成し遂げたものの中で、言語を除いて最も偉大な発見は火の発見であり、それは、歴史の夜明け以前から始まるのである、とダーウィンは言う。火の利用は、人間が生物器官の変化によってではなく、道具あるいは調理方法を用いて、環境や食物を変化させていくといった、文化レベルの進化を成し遂げるのに、大きなきっかけとなったといいえよう。

第六に、地球上の多種の環境への適応、広範な生息分布、種内の変化に富む多型性について。ダーウィンによると、すべての人種は一つの共通祖先に由来するが、その分布域は広大である。そして、分布域の広い種は分布域の限られた種よりもずっと変異しやすいというのは、よく知られた法則である。また、人間は生存にきわめて不利と思われる条件にも長い間耐えることができる。

第七に、雑食性、無毛性ということ。ダーウィンは、人間に特有な雑食性そのものにはとくに言及していないが、盲腸の虫垂に関連して、食性の変化をあげている。盲腸は、下等な草食性哺乳類、例えばコアラでは、極端に長いが、食性や習性が変化した結果、盲腸が種々の動物では、人間もふくめて、非常に短くなり、その短小化した部分の痕跡として虫垂が残された、ということだ。とくに人間の場合は、道具の使用と火の利用などに関連して、食性の変化が著しいということができるだろう。

また無毛性についてダーウィンは、人類の祖先が熱帯地方に住んでいたがゆえに無毛になったという説を退けて、性淘汰によりどころを求めている。つまり、人間、最初はとりわけ女性が、装飾上の目的のために毛を失うようになった、ということだ。この考えでは、人間が他のすべての霊長類と、無毛という点で非常に大きな違いを持っているのは、驚くに当たらない。というのは、性淘汰によって獲得された形質は、近縁種どうしの間でも、けたはずれに異なっている場合が多いからである。

第八に、言語、文字の使用について。ダーウィンは『人間の由来』の中で、人間の言語能力あるいは言語の起源の問題を検討しているが、そこでの議論のポイントは、性淘汰によって音楽的抑揚をともなう発声はヒトの祖先において有節言語へと進化した、ということである（入江重吉『ダーウィンと進化思想』昭和堂、二〇一〇年、四四～四六頁、参照）。このように、ダーウィンは言語の起源を性淘汰との関連で考えた。そして、言語はいうまでもなく、知性の進化とはきってもきりはなせないものである。だから、ダーウィンが知性の進化を自然淘汰だけで説明していたということにはならない。その意味で、後述の「文化進化に関する二つのアプローチ」で取り上げる最近の説が、まったく新しい学説だということはできないだろう。その先駆けの一つとしてダーウィンをあげないわけにはいかない。とはいっても、ダーウィンが知性の進化について明確なかたちで述べていたわけではないことは確かである。

第九に、社会性・道徳性について。ダーウィンは、社会性・道徳性の進化という点での人間の独自性を強調し、かなり詳細な議論を展開した。

以上に見た、ヒトの特殊性についてのダーウィンの九つの項目は、かなり不十分なものではあるが、それらを参照しつつ、ジョセフ・ヘンリック（邦訳『文化がヒトを進化させた』二〇一九年、原題 *The Secret of Our Success*, 2015）の文化進化に関する詳細な論点によってダーウィンの議論を補強あるいは修正していくことにしたい。

ヒトの特殊性についてのダーウィンの項目を改めて簡潔に列挙してみる。項目一（以下、番号のみ）は本能の退化、知的能力、二は直立二足歩行とその関連、三は道具の製作使用とその関連、四は脳容量の増大とその関連、五は火の使用とその関連、六は広範な生息分布とその関連、七は雑食、無毛性とその関連、八は言語、文字の使用とその関連、九は社会性、道徳性の進化に関連するもの、である。

まず項目一についてみると、ヘンリックの議論は具体的で説得力をもつ。ヘンリックによれば、人間の知的能力は、個人の能力の寄せ集めで成り立つのではなく、先祖代々受け継がれてきた累積的文化によって生まれた集団脳（本稿「三 ヘンリックの文化進化論」参照）に存する。この集団脳についてヘンリックは、集団の規模、他集団との接触の度合いに左右されると見なす。ヘンリックは、オセアニア諸島での漁労用具の種類や複雑さについての研究に注目した（ヘンリック『文化がヒトを進化させた』今西康子訳、白揚社、二〇一九年、三二四頁、参照）。

それによると、人口が多く、他の島々との接触度が高い島や群島ほど、漁労用具が豊富で、より複雑な漁労技術をもっていた、という。ところが反対に、ある集団が突然人口を減らしたり、社会的繋がりを失ったりすると、高度なスキルや複雑な技術も失われてしまう。実際に、タスマニアがオーストラリア大陸から分離されると同時に、タスマニアから複雑な道具が失われていった。これはタスマニア人の集団脳サイズの急速な縮小による、とヘンリックはいう（同上書、三二五頁、参照）。

なお、本能の退化ということについては、項目二、三、四、五に関連する。すでにダーウィンが項目四で、敵や競争相手と戦うために、徐々に石や棒などの武器を用いる習慣を身に付けるにつれて、顎や歯を使うことはしだいに少なくなった、と述べている。顎骨や歯の退縮とともに顔面の縮小がもたらされた。顎骨や歯の退縮はまさに本能の退化であり、項目三の石器使用や項目五の火の使用と関連している。

次に項目二の直立二足歩行については、その成立の要因はおそらく単一ではなく、複合的な要因を考えねばならないのではないか。それはともかく、直立二足歩行によって可能となったヒトの進化で特筆すべきことは、一〇〇万年以上にわたる自然淘汰のなかで、本格的な長距離走向きの身体が形成されたことである、とヘンリックは言う。具体的には、筋骨格系の構造として、土踏まず、アキレス腱、脚の遅筋繊維、下半身の関節、大臀筋、上背部の筋肉群、（走行時の頭部の安定を司る）項靭帯、（体温調節機構としての）エクリン汗腺などが備えられたのである（ヘンリック、同上書、一一四頁、参照）。

項目三の道具の製作使用であるが、これは項目四とも関連しており、獲物の捕獲に用いられる槍、斧、わな、投槍器、毒薬などが生み出され、一に関連する本能の退化が促進された。

項目四については、ダーウィンの指摘とヘンリックの指摘は重なる。香原志勢によれば、咀嚼方法の変化のおかげで、咀嚼時の衝撃や振動が脳を痛めつけることはなくなった。繊維類の多い食物を多食する類人猿では、咀嚼器は強大にならざるをえず、構造的に脳の大型化は阻まれてきたが、咀嚼器の退縮にともない、現生人類において脳容量は著しく増大したのである（香原志勢『顔と表情の人間学』平凡社、一九九五年、二一～二三頁、参照）。

項目五の火の利用によって調理方法が生み出され、すでに述べたように、咀嚼器の退縮、脳容量の増大が結果として生じた。

項目六におけるヒトの広範な生息分布については、ヘンリックは次のように言う、「ヒトという種は、地球上の広範な地域に分布し多様な環境に適応しているわりに、遺伝的多様性がかなり低い。それには十分な理由がある。文化進化は、ときとして遺伝的進化を駆動するが、その一方で、より急速な文化的適応を生み出すことによって遺伝的変化を抑制することもある」（ヘンリック、同上書、一四六頁、参照）と。

項目七に関連するヘンリックの言及はとくには見当たらないようだ。

項目八でダーウィンは言語の起源を問題とするが、ヘンリックは別の論点を問題とする。すなわち、言語の出現こそが文化進化を可能にしたかどうかという点である。ヘンリックは、人類にとって言語が途方もなく重要であることは明らかだが、言語を重視しすぎる見方には問題がある、として次のように言う。第一に、言語がなくとも文化進化は可能だということを認識していない。第二に、言語それ自体が文化進化の産物であって、言語が文化をもたらすわけではない。第三に、嘘、欺き、誇張などによって協力行動が妨げられる、など。確かに、言語の出現以前にも文化は存在したが、しかし、言語によって文化伝達は著しく促進されたことは間違いない（ヘンリック、同上書、三八一～三八二頁、参照）。

項目九の社会性・道徳性については、本稿では省略するが、詳しくは入江重吉『ダーウィンと進化思想』（昭和堂、二〇一〇年）を参照されたい。

二　文化進化に関する二つのアプローチ

これまで文化進化については、進化心理学からのアプローチが注目されている。このアプローチでは、ダーウィンの性淘汰説、とくに配偶者選びが知性の進化に寄与していると考える。

ヒトの祖先（ホミニド）において、大脳は二〇〇万年前、何の明白な理由もなく指数関数的に大きくなり始めた。しかし、およそ一〇万年前に、ふたたび何の明白な理由もなく停止した。この間にヒトの脳の大きさは三倍になったが、技術的な進歩はなかった。こうした大脳化の過程は石器技術の発展にともなったものではなかったので、これをどのように説明したらいいのかということが、問題となった。ともかく、従来のような自然淘汰一辺倒の理論では説明がつかない。

そこで、ジェフリー・ミラーによると、ダーウィンの性淘汰説を受けて、進化心理学は、配偶者選びにおけるライバル競争、とくに言葉を用いた求愛、情報収集と権謀術数こそ、知性をふくむ心の進化を推進した原動力に他ならない、と主張するのである。とりわけ、ホミニドは、言語の進化が重要だった。なぜなら、それによってホミニドは、ますます複雑になった、構造化され、開放的で、さまざまな組み合わせの可能なシステムを用いて、たがいに複雑な観念とイメージを表示することができたからである。また、言語によって世間話（ゴシップ）ができるようになり、そのため、配偶者選択は個人の決定から、家族や友人からの情報を取りまとめた社会的決定へと変えられた。このように、ミラーは、配偶者選びこそ脳の進化を、それゆえまた、知性の進化を促したと考えている（Cf. Miller, G. F.: How Mate Choice Shaped Human Nature: A Review of Sexual Selection and Human Evolution. In: Crawford / Krebs: *Handbook of Evolutionary Psychology*, Lawrence Erlbaum Associates. 1998, pp.87-129. また、ミラー『恋人選びの心　I、II』長谷川真理子訳、岩波書店、二〇〇二年、参照）。

文化進化に関するもう一つのアプローチは、マキャベリ的知性仮説と呼ばれる。例えば、トーマス・ウィンによれば、ヒトの知性を支える脳の進化の大部分は、技術の精緻化のいかなる証拠よりも先んじて起こっており、それゆえ、技術自体がヒトの能力の進化に関して中心的な役割を演じたということはありそうにない（ウィン「道具とヒトの知性の進化」、バーン／ホワイトゥン『マキャベリ的知性と心の理論の進化論』藤田和生他訳、ナカニシヤ出版、二〇〇四年、所収、三一二～三二九頁、参照）。

むしろ、社会的な相互関係、同盟関係や敵対関係、操作と騙し、約束と裏切りなどの関係の中で、情報処理能力は著しく高まったのである。例えば、仲間との同盟関係は、二個体間の競争関係よりもはるかに複雑な相互作用である。こうした同盟関係においては、予測や操作に必要な情報処理の能力は高度なものが要求される。つまり、知性の進化はマキャベリ的（権謀術数的）過程による、ということだ。

このマキャベリ的過程では、いったい何をめぐって争われるのであろうか。それは生存というよりも、むしろ繁殖である。もちろん、生存は大前提であろうが、知性はとくに配偶者を獲得するための戦い、すなわち、性淘汰において刺激され、進化していった。そうすると、マキャベリ的知性仮説も、配偶者選びによる知性の進化を唱える進化心理学と同一のアプローチであると、暫定的にいうことができる。しかし、のちに述べるように、それは厳密に言えば、不正確である。

ニコラス・ハンフリーによれば、知性は社会が複雑になる中で高い段階にまで発展していった。それでは、社会はなぜ複雑になったのか。社会の主な機能の一つは生存技術を教えるための総合技術専門学校である。そのために、若い個体を長期に教育すること、若い個体と年長の個体が接触する機会をつくること、が必要である。しかし、その結果として、さまざまな年齢の個体が混ざり合うことになり、社会的な対立・葛藤も増えるので、社会にとってはかなりの負担となる。それゆえ、そうした対立・葛藤を調整するための情報処理能力・交渉能力である社会的知性が必要となった、ということである。ちなみに、こうした社会的知性が一般に「マキャベリ的知性」と呼ばれる。このハンフリーの説明によれば、マキャベリ的知性仮説は、たんに配偶者選びによる知性の進化を唱える進化心理学の守備範囲には収まらないアプローチということができる（ハンフリー「知の社会的機能」、バーン／ホワイトゥン『マキャベリ的知性と心の理論の進化論』藤田和生他訳、ナカニシヤ出版、二〇〇四年、所収、一二～二八頁、参照）。

さて、上述の二つのアプローチにおいて私は、文化進化の核心となるものとして脳の進化に焦点を当て、これを推進した過程として、配偶者選びとマキャベリ的知性を取り上げた。これらは等しく社会的過程によって脳容量の増大を説明するものである。この説明は一括して「社会脳」仮説と呼ぶことができる。

アレックス・メスーディによると、この「社会脳」仮説はニコラス・ハンフリー、アンドリュー・ホワイトゥン、リチャード・バーン、ロビン・ダンバーらが提唱した。この仮説によれば、人間を含めた霊長類の大きな脳は、食料を探したり道具を用いたりといった生態学的な問題を扱うためではなく、社会的な問題を解決するために進化した。というのも、社会との関わりは広範囲の困難な問題を生じさせるからである。例えば、他の人と行動を協調させるとか、意図をうまく相手に伝える、他人との連携をする、目的を達成するために時には人を欺いたり、あるいは逆に欺かれないようにするといったことはすべて、きわめて複雑な認知能力を必要とする。この「社会脳」仮説の根拠として、脳のサイズが霊長類において、さまざまな社会的行動の測定値——集団のサイズ、相互交流に費やされる時間、欺瞞の頻度、社会的遊びの頻度——と相関していることがあげられる。他方、脳のサイズと、社会性のない行動の値——なわばりの広さ、道具の使用、食事など——との間に相関は見られない、ということである（メスーディ『文化進化論』野中香方子訳、NTT出版、二〇一六年、二一九頁、参照）。

三　ヘンリックの文化進化論

ヒトの文化進化を全体として取り扱う視点を提起したのが、すでに言及したジョセフ・ヘンリックである。ヘンリックは、経済学、心理学、神経科学および考古学などの豊富なデータとそれに基づく周到な理論分析に基づいて、包括的な文化進化論を展開する。

ヘンリックの著書の原題（*The Secret of Our Success*, 2015）にもあるように、ヘンリックの議論の核心は、「人類の成功の秘密は、個々人の頭脳の力にあるのではなく、共同体のもつ集団脳（集団的知性）にある」ということである（ちなみに、集団脳に関する具体例は、本稿「一　文化進化とダーウィン」ですでに述べた）。さらに、「この集団脳は、ヒトの文化性と社会性とが合わさって生まれる、つまり、進んで他者から学ぼうとする性質をもっており、しかも、適切な規範によって社会的つながりが保たれた大規模な集団で生きることができるからこそ、集団脳が生まれるのである」（ヘンリック『文化がヒトを進化させた』今西康子訳、白揚社、二〇一九年、二五頁、参照）。なお、コクラン他『一万年の進化爆発』（古川奈々子訳、日経BP社、二〇一〇年）の関連する記述を引用しておく。すなわち、「地域がより広大で、人口がより多ければ、より多くの発明者があらわれ、より競争的な社会がつくられ、利用可能なより多くの技術革新が生まれる——そして、革新を実行し、それを保持するためにより大きな圧力がかかる。なぜなら、それがうまくできない社会は競争的な社会によって排除されてしまうからだ」（八六頁）。明らかに、ヘンリックの議論は従来の進化論のアプローチとは違っている。つまり、ヘンリックは従来型の進化論的説明に満足していない、ということである。

ともあれ、ダーウィンとの関連でいえば、ダーウィンのいう人間の特殊性は全体として文化的適応の結果であるというのが、ヘンリックの主張である。そうした文化的適応そのものを可能にするのが、社会集団において広く行き渡った文化的学習の能力である。この文化的学習の能力をヘンリックは、他者の心理をその行動から分析する能力、すなわちメンタライジング（mentalizing）または心の理論と呼ぶ（ヘンリック、同上書、八六〜八八頁、参照）。

それでは、人類の祖先にそうしたメンタライジングの能力が発達したのはなぜなのか。ヘンリックによれば、文化や文化進化は、他者から学ぼうとする遺伝的に進化した心理的適応の結果なのである。つまり、他者から学ぶ能力を備えた脳をつくる遺伝子に対し、自然淘汰が有利に働いた。こうした文化的学習の能力が、集団内で長期にわたって発揮されると、便利な道具をまねて作ったり、動植物に関する豊富な知識を共有したりといった、数々の適応行動が生まれてくる。こうした行動はそもそも、学ぼうとする頭脳が集団内で長期にわたって相互作用を繰り広げた結果、意図せずして生まれたものだ、とヘンリックは説明する（ヘンリック、同上書、六五頁、参照）。

ここで、そもそもヘンリックの議論は従来の進化論と比べてどういう新機軸を提起しているものなのか、その点を見ておく必要があるだろう。

人類進化を説明する通常のストーリーによれば、遺伝的進化が長らく続いたのち、今から一〇万年か五万年前に突然、進化が加速して創造的活動が始まったとされている。その後、遺伝的進化は止まり、文化進化がそれに取って代わったのだという。このような見方だと、文化は、遺伝子のみならず、脳や身体機能とも切り離されてしまう。

また、進化論的な考え方を、ヒトの脳、身体機能、および行動に適用しようとする最近のアプローチもやはり、一方向の因果関係を想定している。すなわち、遺伝子の変化によって生理・心理が変化した、そしてその結果として、行動・文化が進化した、というストーリーである。

ヘンリックによると、このような従来の進化論的アプローチは、文化に対する重要性の認識が低く、文化や文化進化はどちらかというと最近の現象であって、純粋な遺伝的進化によって出現した人間の本性の大きなコア部分は変わりない、と見なす。すなわち、「従来の進化論的アプローチは……何十万年、もしくはそれ以上の長期間にわたって、ヒトの遺伝的進化を駆動してきた最大の要因が文化進化であったことを認識していないのである」とヘンリックは批判する（同上書、四六四〜四六五頁、参照）。

こうした従来の進化論的アプローチに対する対案として、

すでに述べた「文化進化に関する二つのアプローチ」が登場した次第である。一つは、配偶者選びにおけるライバル競争、とくに言葉を用いた求愛、情報収集と権謀術数こそ、知性をふくむ心の進化を推進した原動力であるとする進化心理学の見方、もう一つは、社会的な相互関係、同盟関係や敵対関係、操作と騙し、約束と裏切りなどの関係の中で、情報処理能力は著しく高まったという、いわゆる「マキャベリ的知性仮説」である。いずれも、人間の文化が果たす役割を強調している。

　そうした流れに棹さして、ヘンリックも、文化によってこそヒトは進化した、と強調する。例えば、牛乳を飲む習慣によって生じた遺伝子の変化は、比較的最近起きたフィードバック効果のケースである、とヘンリックは言う。ヒトも含めて哺乳類の健康な赤ん坊はみな、ラクターゼという乳糖分解酵素を十分備えて生まれてくる。この酵素が小腸で乳糖（ラクトース）を分解してくれるおかげで、その栄養を吸収することができる。しかし、ほとんどの人は離乳期を過ぎるとラクターゼの産生が減り始め、五歳ごろにはもう、乳糖を分解できなくなる（関連して、アンジェ編『ダーウィン文化論』佐倉統他訳、産業図書、二〇〇四年、一五三頁、オドリン＝スミー他『ニッチ構築』佐倉統他訳、共立出版、二〇〇七年、二二頁、ズック『私たちは今でも進化しているのか』渡会圭子訳、文藝春秋、二〇一五年、一一四頁、二七五頁、参照）。

　ところが、ヨーロッパ、アフリカ、中東などで、大人になってからもずっとミルクを消化できる人々がいる。このような乳糖耐性（ラクターゼ活性持続）の人は、思春期になっても、大人になっても、ミルクの栄養を摂取できる。こうした乳糖耐性は、かなり直接的な遺伝子制御の結果である、とヘンリックはいう（ヘンリック『文化がヒトを進化させた』今西康子訳、白揚社、二〇一九年、一三七〜一三八頁、参照）。

　つまり、一万二〇〇〇年ほど前にウシ、ヒツジ、ラクダ、ウマ、ヤギなどの動物を家畜化したことにより、成人の飲用になりうるミルクが登場した。余分なミルクの存在こそが、離乳後もずっと乳糖の分解能力をもつことが有利になるような選択圧を生み出した、と。そこで、ヘンリックは、乳糖耐性遺伝子に自然淘汰が働いたのは、何よりもまず、牧畜と搾乳という文化によるものだ、と強調する（ヘンリック、同上書、一三六〜一三八頁、参照）。

　すでに述べたように、ヘンリックは、人類の成功の秘密は共同体のもつ集団脳（集団的知性）にある、と見ている。

この集団脳によって文化的適応が可能となり、道具、武器、食物の加工処理法、社会規範、制度、言語などが生まれた、ということである。さらに、文化的適応の出現によって、遺伝的変化が促されるようになったということで、具体的には、牧畜社会において乳糖耐性という遺伝的性質を多くの人々が身に着けたのである。ここで確認しておかねばならないことは、文化が単独に遺伝子を変化させたということではない。そうではなく、文化‐遺伝子共進化によって遺伝子の変化が生じたということである。

しかし、集団脳の形成とともに、ヘンリックは、文化進化を方向づけたものとして、集団間競争を取り上げている（ヘンリック、同上書、二五三～二五五頁、参照）。ヘンリックは、五つのタイプの集団間競争を指摘する。すなわち、（1）戦争や襲撃。この場合、協力行動を促す規範をもち、技術面、軍事面、または経済面で優位に立つ集団が、そうした規範をもたない集団を駆逐、排除、あるいは吸収していく。（2）集団としての生存力の格差。すなわち、協力行動、分配行動、および集団内調和を促す社会規範をもつ集団こそが生存力で優位に立つ。（3）移住者数の格差。つまり、移入者が増加する集団がますます発展する。（4）繁殖力の格差。出生率の高い集団には相応の社会規範があり、また、多産を奨励する神への信仰などもある。（5）名声バイアスによる文化伝達。これは、成功集団として認められた集団の社会規範、思想、信念、風習などは近隣集団へ伝播するということである。ただヘンリックは、問題点も指摘する。すなわち、集団間競争を勝ち抜くのに有利な規範や信念は、他集団を、獣、畜生、鬼などと呼んで殲滅させることもあるということだ。このことは、石器時代の血縁小集団以来のわれわれ人類にまとわりつく、いわゆるゼノフォービア（xenophobia　よそ者嫌い、部外者嫌い）と関連する。

おわりに

本稿は、文化進化に関する新たなアプローチを扱ったが、もちろん、私自身の非力ゆえ内容は限定的であり、扱うべくして扱えなかった文献、諸論点があり、幾つか補足しておきたい。アトランダムに列挙してみよう。

エルマン・サーヴィス『文化進化論』は、進歩の非単系的性格を強調し、二つの一般原理を提示する。一つは、「進歩の系統発生的不連続」であり、先進形態は通常、次の先進段階を生み出すものではなく、次の段階はそれとは別の系統から始まる。もう一つは、「進歩の地域的不連続」といい、もし進歩の諸段階が一つの種から次のその子孫へと順を追ってつながっていないとすれば、そうした継続段階が同一の地域内で現れるとは考えられない、ということである。さらに、トロツキー『ロシア革命史』にふれて、「歴史的後進性の特権」をあげる。これは、後進文明には先進文明にない進化の潜在力が存在することを意味する、という。例えば、ロシアは、先進諸国の発展をなぞることはせず、これら諸国の最新の成果をみずからの後進性に適合させながら、この発展の仲間入りを果たした（サーヴィス『文化進化論』松園万亀雄他訳、社会思想社、一九七七年、五八～五九頁、参照）。

次に、アレックス・メスーディ『文化進化論』は文化の三つの側面、すなわち、社会的学習、文化的伝統および蓄積的（累積的）文化にふれている。このうち、社会的学習と文化的伝統は人間以外の動物にもある。例えば、ネズミは、ある物が食べられるかどうかを、他のネズミの息の匂いから判断する。つまり、以前にその匂いを他のネズミの息から嗅いだことのある食べ物と、まったく新しい匂いのする食べ物があれば、前者を選ぶ。また、例えば、ギニアとコートジボワールの二地域に棲むチンパンジーは、木の実を大きくて平たい石の上に置いて別の小さい石で叩いて割る。対照的に、アフリカ東部のタンザニアの二地域、ゴンベとマハレのチンパンジーには、同じ方法で木の実を割る様子は観察されなかった、という。しかし、効果的な改良を何世代にもわたって積み重ねて継承していく文化をもつ種は、人間だけという（メスーディ『文化進化論』野中香方子訳、NTT出版、二〇一六年、二九一～三〇九頁、参照）。

また、ロナルド・イングルハート『文化的進化論』では、進化論的近代化論についての検討がなされる。すなわち、経済的、身体的に不安定な状況では、排外主義、内集団内の強い結束、権威主義的な政治や集団の伝統的な文化規範を厳守する傾向などにつながり、反対に安泰な状況下では、外集団への寛容さが増し、新しい考え方を受け入れやすく、社会的規範はより平等主義的になるとする、ものである。

イングルハートの議論は、一九八一年から二〇一四年の間に一〇〇を超える国や地域で行われた何百もの全国標本調査で得られたデータの分析に基づいており、全体として、物質主義的価値観重視から脱物質主義的価値観重視へのシフトを確認している。なお、このシフトは、生存欲求を最優先する生存重視の価値観からジェンダー間の平等や環境保護、寛容さ、他者との信頼関係、選択の自由などを重視する自己表現重視の価値観へという、より幅広い文化的シフトの一部とされる（イングルハート『文化的進化論』山崎聖子訳、勁草書房、二〇一九年、参照。とくに、第一章「進化論的近代化と文化的変化」、第二章「西洋諸国、そして世界における脱物質主義的価値観の台頭」など）。

さらに、ロバート・アンジェ編『ダーウィン文化論』では、「遺伝的ではない手段、とくに模倣により伝えられると考えられる文化の単位」（スーザン・ブラックモア）とされる「ミーム」（meme）について議論が交わされる（アンジェ編『ダーウィン文化論』佐倉統他訳、産業図書、二〇〇四年、とくに第二章「ミームの視点」（スーザン・ブラックモア）など、参照。また、スーザン・ブラックモア『ミーム・マシーンとしての私』垂水雄二訳、草思社、二〇〇〇年、参照）。このミームなるものによって文化を論じるのがスーザン・ブラックモアであり、その著書『ミーム・マシーンとしての私』である。ブラックモアによれば、人間の脳はミームの利益のためにデザインされている、という。すなわち、「われわれの祖先が模倣する能力を習得したとき、人間の進化に重要な転回点が訪れた。このときから、ミームは自身を複製するのにとくに都合のよい脳を生産するために、遺伝子を動かし始めた」（アンジェ編、同上書、第二章「ミームの視点」、とくに三六頁、参照）。しかし、こうしたミーム論的文化論が、すでに検討したダーウィンやヘンリックなどの文化進化論に取って代わるものかどうか、甚だ疑わしい。

例えばミーム論では、人間の文法は、狩猟や食物採集や社会的契約の象徴的な表現といった何らかの特別な話題についての情報を伝えるというよりもむしろ、高度の忠実度、多産性、長寿をもつミームを伝達するためにデザインされた、という。これに対しては、『ダーウィン文化論』に収められている、ダン・スペルベル「文化へのミーム的アプローチに反論する」の議論のほうが説得的である。スペルベルは言う、「同じ言語共同体に所属する異なったメンバー同士で内部化している文法と辞書が似ているのは、ほとんどの場合コピーによるものではなく、進化の結果人間にすでに備わっている言語装置、コミュニケーション装置、概念装置によるところが大きい」（スペルベル「文化へのミーム的アプローチに反論する」、同上書、所収、一九一頁など、参照）。この反論は、ノーム・チョムスキーの普遍文法論あるいは言語習得装置の理論に対応する。すなわち、人間の脳内には、特定言語の文法に対応するものではないが、すべての言語の文法に変換しうる普遍的な文法構造が備わっている、とする説である。

そのほか、オドリン＝スミー他『ニッチ構築』が文化進化論に関わる論点を提起している（オドリン＝スミー他『ニッチ構築』佐倉統他訳、共立出版、二〇〇七年、参照）。すでに言及したように、「ニッチ構築」とは、生物体が自らの環境を改変する能力を意味する。ちなみに、そうした「ニッチ構築」論の背景には、従来の進化論、適応論への批判がある。すなわち、従来の進化論では、生物体が環境を構築する能動的な役割を正当にとらえていない、ということである。とはいっても、生物体に影響を及ぼす環境の役割を無視することはできないことは言うまでもないが、従来は、環境に影響を及ぼす生物体の役割が無視ないしは過小評価されていた。

そうした流れの中で、生物進化の枠組においては捉えきれない文化進化に関する議論が登場しているという事情があるだろう。その意味で、文化進化論、文化的ニッチ構築の議論は今後とも必要なものであるといえよう。なお、二〇二一年は、ダーウィンが『人間の由来』（*The Descent of Man*, 1871）を公刊してから一五〇年になる。ダーウィンに端を発する文化進化論がさらに展開されることを期待したい。

参考文献

アンジェ編『ダーウィン文化論』佐倉統他訳、産業図書、二〇〇四年
入江重吉『ダーウィンと進化思想』昭和堂、二〇一〇年
イングルハート『文化的進化論』山崎聖子訳、勁草書房、二〇一九年
ウィン「道具とヒトの知性の進化」、バーン／ホワイトゥン『マキャベリ的知性と心の理論の進化論』藤田和生他訳、ナカニシヤ出版、二〇〇四年
ヴケティツ『進化と知識』入江重吉訳、法政出版、一九九四年
オドリン＝スミー他『ニッチ構築』佐倉統他訳、共立出版、二〇〇七年
黒田末寿他『人類の起源と進化』有斐閣、一九八七年
香原志勢『顔と表情の人間学』平凡社、一九九五年
コクラン他『一万年の進化爆発』古川奈々子訳、日経ＢＰ社、二〇一〇年
サーヴィス『文化進化論』松園万亀雄他訳、社会思想社、一九七七年
ズック『私たちは今でも進化しているのか』渡会圭子訳、文藝春秋、二〇一五年
スペルベル「文化へのミーム的アプローチに反論する」、アンジェ編『ダーウィン文化論』佐倉統他訳、産業図書、二〇〇〇四年所収、二〇〇〇四年

ダーウィン『人間の由来』――池田次郎・伊谷純一郎訳『人類の起源』中央公論社、一九六七年［一八七一年］
ダーウィン『ミミズと土』渡辺弘之訳、平凡社、一九九四年［一八八一年］
チョムスキー『言語と精神』川本茂雄訳、河出書房新社、一九八〇年
筑波常治『人類の知的遺産47　ダーウィン』講談社、一九八三年
ハンフリー「知の社会的機能」、バーン／ホワイトゥン『マキャベリ的知性と心の理論の進化論』藤田和生他訳、ナカニシヤ出版、二〇〇四年、所収
ブラックモア『ミーム・マシーンとしての私』垂水雄二訳、草思社、二〇〇〇年
ヘンリック『文化がヒトを進化させた』今西康子訳、白揚社、二〇一九年
Miller, G. F.: How Mate Choice Shaped Human Nature: A Review of Sexual Selection and Human Evolution. In: Crawford / Krebs: *Handbook of Evolutionary Psychology*, Lawrence Erlbaum Associates, 1998
ミラー『恋人選びの心　Ⅰ、Ⅱ』長谷川真理子訳、岩波書店、二〇〇二年
メスーディ『文化進化論』野中香方子訳、ＮＴＴ出版、二〇一六年

（いりえ じゅうきち・松山大学名誉教授・哲学）

研究ノート

グラムシ『獄中ノート』における「マルクスへの回帰」の位相
――『フォイエルバッハ・テーゼ』を中心に

松田　博

はじめに

グラムシは『獄中ノート』(以下『ノート』と略)の「第七ノート」冒頭で所持していたマルクスのドイツ語版アンソロジー(レクラム文庫)の重要個所を翻訳、研究し、その後の『ノート』執筆において継続的に参照した。グラムシが最も重視したのは『フォイエルバッハ・テーゼ』と『経済学批判・序言』であり(いずれも全訳)「第七ノート」以降の重要草稿でしばしば言及した。グラムシは一九三七年四月釈放直後に四六歳で急逝したが(事実上の獄死であった)彼が遺した二九冊の『ノート』の全草稿が収録された『ノート』完全復刻版が刊行されたのは、実にグラムシ没後七二年目の二〇〇九年であった。復刻版の編者G・フランチョーニは「第七ノート」におけるレクラム版の翻訳、研究を『ノート』執筆過程における「マルクスへの回帰」を示すものとして注目している。グラムシが最初に翻訳したのは『フォイエルバッハ・テーゼ』であり、『経済学批判・序言』がそれに続いた。本稿ではグラムシの「実践の哲学」論の探究における『フォイエルバッハ・テーゼ』の意義について検討したい(1)。

一　『フォイエルバッハ・テーゼ』とグラムシ

『フォイエルバッハ・テーゼ』(以下『テーゼ』と略)はグラムシの「実践の哲学」論にとって核心的意義をもっ

ているが、研究者の間でも見解が分かれている。それは『テーゼ』理解のみの問題ではなく、「実践の哲学」理解にかかわっている。ここでは「第三テーゼ」をめぐる鈴木富久、上村忠男両氏の見解について簡潔に検討しておきたい。というのは両氏の見解の相違は、この問題だけではなく『ノート』全体にわたっているが、この小論では『テーゼ』解釈に限定する。グラムシは「第三テーゼ」の「環境の変更と人間的活動との一致はただ変革する実践（umwalzente Praxis）としてだけとらえられ、合理的に理解されうるのである」の「変革する実践」（レクラム文庫にはエンゲルス版が収録）を「rovesciamento della praxis（実践の転覆・転倒）」と訳した[2]。この問題に注目し、グラムシの見解を検討したのは鈴木富久である。同見解は上村見解についての批判的検討であるので、上村見解について簡単に触れておきたい。上村は「第三テーゼ」について、これを「革命的実践」ないし「変革的実践」ととるよりも「反転する実践」のほうが適切であると述べている。つまり「実践によってなにものか、たとえば世界とか社会的諸関係の総体をひっくり返す・変革ないし革命する」という意味ではなくて、「実践を裏返らせる・反転させる」という意味であると述べている。同見解では「変革的実践」と実践一般が切り離され、統一的に把握されていない[3]。しかしながらマルクスは両者を統一的に把握している。マルクスは「第一テーゼ」において「たとえば世界とか社会的諸関係のあらゆる唯物論——フォイエルバッハも含めて——の主要な欠陥は対象、現実、感性がただ客体の、または観照の形態でのみ捉えられて、人間的な感性的活動、実践として主体的に捉えられていないことである」とし、それゆえフォイエルバッハは「人間的活動そのものを対象的活動」とはとらえず、人間的活動としての実践つまり「革命的」な活動、「実践的—批判的な活動」の意義を理解していないと述べている[3]。鈴木は「この訳語（実践の転覆）」においてグラムシが言わんとしたことは、「既存の現実を変革する『変革的実践』とは、その現実が既存の様式における実践によって生成している限り、ラジカルに、その既存の実践様式を変革、転覆することにならないということである」として「実践の転覆」が「変革的実践」と同義であるとして上村説を批判した[4]。

さらに鈴木は「世界観、観想、哲学」が「世界を変革し、実践を転覆することを目指すゆえに『現実』になるという「世界変革による哲学の現実化」および「すでに存在している活動」つまり実践的諸活動の変革という意味でグラムシが「実践の転覆」と表現したと述べている。[5]

マルクスは「第二テーゼ」で「思考と実践の関係」について簡潔に述べている。「人間の思考に対象的な真理性が属するか否か、という問題は理論の問題ではなくて、一つの実践的な問題である。実践においてこそ人間は自らの思考の持つ真理性を、すなわちその現実性と力、此岸性（la realtà, il potere, il carattere terreno）を証明しなければならない。実践から遊離した思考が現実的か、それとも非現実的であるかを争うのは、まったくのスコラ的問題である」[6]。したがって「環境の変更と人間的活動の変更の合致は、ただ変革する実践（実践の転覆――グラムシ）としてとらえられ、合理的に理解されうる」（「第三テーゼ」）のである。このように「第二・第三テーゼ」を統一的に把握すれば人間の思考の「現実性、力、此岸性」は「変革する実践」によって証明される。つまり「実践の転覆」とは「理論―実践」関係における実践の優位性を強調する表現であったといえよう。その意味で「観照の哲学」ではなく「実践の転覆」をふまえ「理論と実践の統一」を核心とする哲学をグラムシは重視した。それは「理論的なふるまいだけを真に人間的なふるまい」とみなすフォイエルバッハへの批判（「第一テーゼ」）であった。

鈴木見解の特徴は、「第三テーゼ」を「第一テーゼ」との関連で把握し、「実践の転覆」が「変革的実践」と同義であるとし、したがって既存の実践的諸活動もまた変革的実践つまり「実践の転覆」の対象となるとした点にあるといえよう。この見解をふまえれば「第七ノート」以降のグラムシの考察、とくに「実践の哲学」の探究との関連が不可欠の課題となるであろうが、残念ながら同氏の急逝（二〇一六）によってこの点は「遺された」課題となった。鈴木の問題提起は『ノート』解釈にとって重要な諸点を含んでいるので、ここでは鈴木の「遺した課題」として『テーゼ』理解と深くかかわり、グラムシが後続草稿で重視した「理論と実践の統一」問題について検討しておきたい。というのは『テーゼ』における「実践の転覆」は必然的に「理論と実践の統一」という論点を含むからである。[7]

二　「理論と実践の統一」問題

グラムシは「第七ノート」に続く「第八ノート」で「理論と実践の統一」と題するA草稿（第一次執筆草稿）を執筆し、それを推敲して「第一一ノート（ブハーリン・ノート）」冒頭の総論的草稿（第二次執筆のC草稿）に編入した。

同草稿は「若干の予備的参照点」と題する長文草稿であるが、ここではその要点を簡潔に述べておきたい[8]。

（一）グラムシは「理論と実践の統一」は「知識人と大衆との関係」という実践的課題に密接に関連しているという点を重視している。つまり「知識人と一般大衆との結合の必要性を主張するのは、科学的活動を制限したり、大衆との低次元での統一を維持するためではなく、少数の知識人集団のみでなく、まさに大衆の知的発達を政治的に可能にするような知的-道徳的ブロックを構築する」ためである。彼はヘゲモニー論の探究過程で初期の「政治的指導能力」を核心としたヘゲモニー論（「第一ノート」）から政治的ヘゲモニー論をも包摂する「知的道徳的改革」を核心としたヘゲモニー論（＝広義の文化的ヘゲモニー論）へとその「刷新」をおこなうが（「第一九ノート」）、その意味で「理論と実践の統一」は「知的道徳的改革」と緊密に関連している[9]。換言すれば「知的道徳的改革」というヘゲモニー的実践は「理論と実践の統一」を必然的契機としているということである。「知的道徳的改革」の探究（「第一〇ノート」）と「理論と実践の統一」の探究（「第一一ノート」）にかんする草稿はほぼ同時期に執筆されていることからも両者の関連性は明らかといえよう（「第一〇・一一ノート」の主要部分は一九三二～三四年に執筆された）。

（二）グラムシは「知識人と大衆との関係」において「大衆の知的発達」という問題に注目している。というのは「大衆の能動的部分は具体的な活動を行ってはいるが、自己の活動についての明確な理論的認識はもっていない」からである。そのような「二重の理論的認識（矛盾した認識）は、一方ではその実践的活動に内在し、他方では「過去から受けつぎ、無批判的に身につけた皮相かつ表面的な」ものであり（グラムシは他の草稿でそれを多様、雑多な要因で構成されるコモンセンス・常識の一側面としてとらえた）それが「道徳的、政治的受動性」を生み出す要因になると述べている[10]。さらに「自己の世界観のより高次の発展に至るような」批判的自己認識つまり「自己内部の政治的ヘゲモニー間の闘争」や「倫理的分野から政治的分野にいたる」多様なヘゲモニー闘争への参加による自己認識の形成、発展に注目している[11]。

（三）このような自己認識つまり「一定のヘゲモニー勢力に属するという意識（政治意識）」は「理論と実践の統一」という「高次かつより発達した自己認識」の基礎となるが、この「理論と実践の統一」も「機械的にもたらされるものではなく、歴史的展開として」もたらされる。つまりこの問題は抽象的次元のものではなく、「系統的・統一的世界観」の獲得過程と関連しており、したがって「ヘゲモニー概念の政治的発展が政治的・実践的発展のみでなく、大きな哲学的発展」をも意味するとグラムシは強調している。(12)

グラムシがこの問題を重視するのはブハーリン等の「俗流唯物論」がこの問題を自然成長論的に捉えており、グラムシはそれを「いまだに初歩的段階を超えてはいない」と述べている。つまりブハーリンは「理論を実践の『補助』（compremento）ないし『不随物』（accesorio）、侍女（ancella）とみなすような機械主義的残滓（residui di meccanicismo）」の水準にあるというのがグラムシの見解であった。なおグラムシはこの「機械主義的残滓」の克服にかかわる研究動向に強い関心を抱いていることを他の個所でも述べている。(13)

三 「第一〇テーゼ」について

グラムシは「第一〇テーゼ」の「古い唯物論の立場」と「新しい唯物論の立場」の対比において「ブルジョア社会（la societa' borghese）」と「市民社会（la societa' civile）を区別し（ドイツ語ではいずれも burgerliche Gesellschaft）、つぎのように訳している。

古い唯物論の立場はブルジョア社会であり、新しい唯物論の立場は人間的社会（la societa' umana）もしくは社会的人類（l'umanita' socializzata）である。(14)

グラムシはこの「人間的社会・社会的人類」の探求を「新しい唯物論」の課題として重視した。彼は『テーゼ』に続いて全文翻訳した『経済学批判・序言』を踏まえて「経済的社会構成体」の歴史的諸形態とくに「社会的生産過程の最後の敵対的形態」である「近代ブルジョア的生産様式」の変革と「人間的社会・社会的人類」の形成という人類史的展望の課題を統合して考察した。(15) グラムシにとってマルクスをふまえた人類史的展望は、近代資本主義を含む社会構成体の敵対的諸形態が「支配者と被支配者が現実に存在している」という「もっとも基本的な事実」から出発し、「永久に支配者と被支配者が存在しつづけることを是認するのか、あるいはそのような分裂が存在する必然性が消滅するような条件を生み出そうとするのか？ いいかえれば人類が永遠に分裂しているという前提から出発するのか、あるいはこの分裂がたんに一定の条件に対応する、たんなる歴史上の一事実にすぎないと考えるのか?」という歴史認識の問題として位置づけられる(16)。つまりそれは「人間社会を分裂せしめている内部矛盾」を克服し、「人類の文化的統一」、「統一的文化体系」の創出を目指す歴史的過程である。マルクスが「新しい唯物論」の課題として提示した「人間的社会・社会的人類」に照応した考察であることは明白であろう。さらにグラムシは「このような歴史的統一過程は、人間社会を分裂せしめている内部矛盾の消滅にともない出現する」のであり(17)、それはまたマルクスによって「政治社会（国家）の消滅と自己規律的社会（societa' regolata、自己統治社会と同義である—引用者）の実現に至るまで、おそらく数世紀にわたって持続する歴史的時代」が知的に開始されたことを意味し(18)、さらにこのような敵対的内部矛盾の克服を課題とする新たな社会構成体においては「統一的社会組織」としての「人間的社会」の創出をめざす「倫理的国家」つまり「階級対立の非和解性」にもとづく国家から「階級対立」を止揚する国家としての「倫理的国家」(19)の展望形成にかかわることをグラムシは重視している。

この点にかんしてグラムシはマルクスの『ゴータ綱領批判』（一八九一）およびエンゲルスの「政治的遺言」とされるマルクス『フランスの階級闘争』の「一八九五年版序文」を参照している。その要点を簡潔に述べておくと、前者においてマルクスは「自由とは、国家を社会の上位の機関から社会に完全に従属した機関に転化すること」と述べている。また後者においてエンゲルスは「四八年革命」についてその革命観がフランスの「一七八九～一八三〇年のお手本の記憶に強く色どられていた」と指摘し、つぎのように述べている。「歴史は我々の考えもまた誤りとし、当時のわれわれの見解が一つの幻想であったことを暴露した」。エンゲルスは「たんなる奇襲によって社会改造に成功することがいかに不可能であったかを決定的に証明するものである」と述べている(20)。グラムシはマルクスの『テーゼ』、『序言』における「人間的社会」形成の展望としての社会構成体の継起的移行およびエンゲルス「序言」などをふまえて「蜂起主義的革命論（少数者革命論）」の誤りを克服する社会革命論を考察した。社会構成体論においては旧社会構成体の「破壊と断絶」（グラムシはそれを「建設なき破壊」と呼んだ）ではなくその内在的移行の視点であり、国家論においてもそれと連関する「国家の市民社会への再吸収」、「自己統治的社会の形成」の視点であった。

この点でもグラムシはブハーリン等の「俗流唯物論」にたいして批判的であった。それは一九世紀後半の「第二インター」の時期のマルクスやエンゲルスの理論的深化をほとんど無視していたからである。ブハーリンは「一八四八年の革命を土台にして成長してきたマルクスのマルクス主義」が「第二インターのマルクス主義によって」歪曲されたと断定し、エンゲルス「序文」の意義をまったく無視している。[21] スターリンもエンゲルスが重視した第二インターの諸経験を「俗物根性、裏切り」の産物として否定した。彼は第二インターを「労働者の経済的ストライキと労働組合とが、多かれ少なかれ『正常』に発展し、選挙闘争や国会議員団が『目がくらむほどの』成功をおさめて、合法的な手段で資本主義を『うち殺そうと』と考えていた時期」と断定した。また「永続革命論」については「古い国家機関を破壊して、これを新しい国家機関に置き換えること」と単純化した。[22] またトロツキーは、革命過程において「あれこれの過渡的権力をともなった様々な段階がある」が、「これらの過渡的形態はエピソード的性格のものでしかない」として過渡的段階の独自の意義を否定し（エンゲルス見解の否定でもあるが）、「最小限綱領と最大限綱領の仕切りを破壊すること」が永続革命論の「成長転化の定式」であると強調している。[23] いずれもマルクス、エンゲルスの理論的「遺産」にたいしては硬直した否定的見解の水準にあったことが明らかといえよう。『ノート』におけるグラムシの「マルクスへの回帰」にはこのような非歴史的かつ機械的な見解への批判も込められていたのである。

おわりに

筆者はグラムシの『ノート』における「マルクスへの回帰」の検討において牧野広義氏の『マルクスの哲学思想』（文理閣）から貴重な示唆を受けた。牧野は「マルクスは、従来の『哲学者たち』を批判するのであるが、しかし哲学を否定しているのではない。マルクスは『新しい唯物論』という哲学を主張するのである。こうして『新しい唯物論』が『世界の変革の哲学』として提起されるのである」とし、さらに「確かにマルクスは、『実践』、『革命』、『変革』を強調する。しかし彼は、哲学の問題を『実践』に還元するものではない。マルクスの『新しい唯物論』は、現実を実践と結びつけて把握する唯物論哲学であり、理論と実践とを結合する唯物論哲学である」と指摘し、それが「マルクスの理論と実践を貫く哲学的世界観」であることを明快に指摘している[24]。また「第一〇テーゼ」の「人間的社会」についても、それが「人間的な力の発展」を自己目的とする社会にほかならず、「マルクスの将来社会論（共産主義社会論）の豊かな内容を理解するためにも、『協同社会』、『連合社会』とともに、『人間的社会』というマルクスの表現」を考察することが重要であると指摘している。グラムシもすでに述べたように『テーゼ』における「新しい唯物論」の意味を重視した。その意味で牧野の指摘はグラムシのマルクス観を考えるうえでも重要と考える[25]。

『ノート』復刻版によって「マルクスへの回帰」と『ノート』（とくに「実践の哲学」関係）との関連性がより明確となったが、その意味でも牧野の「新しい唯物論」等の見解を重視したい。また「人間的社会」と将来社会論との関連性も重要な問題提起と考える。グラムシは獄中での厳しい検閲のため「comunismo」という用語は一度も使用していないが、グラムシは牧野が指摘するように「『人間的な力の発展』を自己目的とする社会」とくに「自己統治能力の発展」、「自己統治社会」の主体的、客観的条件を重視した。

グラムシは『テーゼ』研究から「哲学改革の哲学」と「現実変革の哲学」の統一こそ「実践の哲学」の核心と考えた。牧野は「マルクスの理論と実践を貫く哲学的世界観」が「理論と実践とを結合する唯物論哲学」に他ならないと指摘しているが、それはグラムシにも通底する哲学観といえよう[26]。『ノート』復刻版における「マルクスへの回帰」は『テーゼ』、『序言』を起点として『聖家族』、『共産党宣言』、『ユダヤ人問題』などへ展開していくが、今後の課題としたい。

注

（1）『ノート』からの引用は「校訂版」Edizione critica dei Quaderni del carcere, a cura di V・Gerratana, Einaudi, 1975 を使用する。ノート番号をQ、草稿番号を§、草稿種類をA（第一次草稿）、B（暫定稿）、C（Aを推敲した第二次草稿）と略記する。
（2）『フォイエルバッハ論』渡邊憲正訳、大月書店、二〇一〇年、三六ページ。
（3）上村忠男『グラムシ　獄舎の思想』青土社、二〇〇五年、二一ページ。
（4）鈴木富久『グラムシ「獄中ノート」研究』大月書店、二〇一〇年、一〇九ページ。
（5）同前、一一〇ページ。
（6）前掲『フォイエルバッハ論』、三六ページ。
（7）Q11§12C. p.1384.

（8）Q11§12C, p.1384
（9）松田編著『知識人とヘゲモニー「知識人論ノート」注解』明石書店、二〇一三年、「解題」を参照されたい。
（10）コモンセンス論については、尾場瀬一郎「グラムシ『獄中ノート』における常識論の位相」、社会思想史学会編『社会思想史研究』第三九号、二〇一五年、を参照されたい。
（11）Q11§12C, p.1385
（12）ibid, p.1386
（13）一九三一年八月三日付タチアーナ宛、邦訳『グラムシ獄中からの手紙』②、大月書店、二一六ページ、および小原耕一「『獄中ノート』におけるミルスキー公爵の論考をめぐる断章」、『季報・唯物論研究』九〇・九一号、二〇〇四年、を参照されたい。
（14）QC, vol. Ⅲ, Appendice, p.2357
（15）『経済学批判への序言・序説』宮川彰訳、新日本出版社、二〇〇一年、一一～一九ページ参照。
（16）Q15Ⅱ§4B, p.1752
（17）Q11§17C, p.1416
（18）Q7§33B, p.882
（19）Q8§179B, p.1049
（20）『ゴータ綱領批判・エルフルト綱領批判』後藤洋訳、新日本出版社、二〇〇〇年、四二ページ、『マルクス・エンゲルス全集』第二二巻、大月書店、一九七一年、五〇八～五一一ページ。
（21）ブハーリン『史的唯物論』佐野勝隆・石川晃弘訳、青木書店、一九七四年、三三六ページ。
（22）『スターリン全集』大月書店、第六巻、一九五二年、九五ページ。『レーニン主義の諸問題』国民文庫、一九五二年、一八ページ。
（23）トロツキー『永続革命論』森田成也訳、光文社古典新訳文庫、二〇〇八年、三六四、四一九ページ。
（24）牧野広義『マルクスの哲学思想』文理閣、二〇一八年、七四ページ。
（25）同前、一三一ページ。
（26）同前、七四ページ。

（まつだ ひろし・立命館大学名誉教授・社会思想史）

【書評】

碓井敏正著

『しのび寄る国家の道徳化』

（本の泉社、二〇二〇年、本体一二〇〇円）

森田満夫

本書は、安部一強の自民党政権与党体制（現菅政権もその継承体制）が進める自民党改憲草案（二〇一二年）にみる復古主義に対抗し、民主主義と人権を実現する市民社会論からの対抗軸を提起する労作である。その構成は、以下の通り（章のみ）。

第1章　安倍政権の特異な性格と自民党改憲草案
第2章　復古主義と現実主義のはざま
第3章　安部政権の暴走と議会制民主主義の矛盾
第4章　立憲主義だけで闘えるのか—近代個人主義と民主主義の限界を問う—
第5章　自民党改憲草案の論理と真の愛国心
第6章　近代民主主義の矛盾とポピュリズム
第7章　国家と道徳教育—教育支配への対抗軸を考える—
第8章　道徳教育の教科化への向き合い方—市民社会論の立場から—
あとがき

そもそも、自民党改憲草案に象徴されるわが国の復古主義とはなにか。それは「戦後政治の総決算」（中曽根康弘前総理）の系譜を引く自民党本流最右翼の「戦後レジームからの脱却」—「戦前の体制の肯定に基づく憲法『改正』」—であるという。

本書は、改憲草案や近年追加の「緊急事態条項」に、本質的に平和主義のみならず近代的人権概念や民主主義を骨抜きにする非立憲主義の危険性があるという。例えば、草案は、人権保障の前提となる「すべて国民は、個人として尊重される」（現憲法第一三条　個人の尊重）を「全て国民は、人として尊重される」（改憲草案第一三条）として、国家権力の横暴や抑圧に対する個人の尊厳を護る意味の「個人」を「人」とし、対国家の関係で護られる人権の本質を骨抜きにするからである（第1章・第2章・第5章参照）。

また本書は近代民主主義の限界について、エスタブリシュメント（エリート）支配の政党政治・議会制民主主義（間接民主主義）が自らの政治的不満を表出する回路を奪われ真に国の主人公になれない「見捨てられた人々」（社会的弱者）を生み出し、彼ら「見捨てられた人々」自身が右傾化・排外的集団として右派ポピュリスト政党の供給源・復古主義の補完勢力になるおそれも問題視する（第3章・第6章参照）。こうした復古主義の思想が、具体的には戦前型社会に対する郷愁、教育勅語を容認、道徳教育の重視（教科化）、日本の戦争犯罪を免罪化する歴史修正主義と一体化し、国家が支配する復古的な道徳教育政策として現れることに注目する（第4章参照）。

以上の論旨に依拠し、本書は対抗軸の二つのベクトルを提起する。第一に国家が復古主義的に支配する教育など国家権力の横暴から個人の権利を護る立憲主義の意義を確認しつつも、立憲主義と一体化する個人主義の概念の抽象性・限界を問題視し、「運動の主体にならない」属性のない個人概念の抽象性や「連帯志向ではなく自己防衛的で他者排除的」な個人概念の限界を、普遍的（類的）個人へと再定義することを提起する（第4章参照）。具体的には立憲主義的に「道徳を個人の自由の問題に局限するのではなく、復古主義的道徳と対決する公共道徳（国民道徳）を語ること、さらに立憲主義のために闘うことのできる、個人像を追求すること」（第4章、六八～六九頁参照）、いわば「市民性教育（人権教育）に連なる道徳教育」（評者）の新たな課題を提起する（第4章・第7章・第8章参照）。言い換えれば、従来までの個人の権利を守る憲法の「防衛的な人権・傍観者的な民主主義」（人権教育）だけではなく、「良質の国民連帯・参加・責任・自治」を育てること（①「国民主権の主体」としてのコミュニティへの参加責任、②「権利主体」の参加拒否権も含む人権も整合的に捉えることができる公共的市民道徳教育、いわば「市民性教育（人権教育）に連なる道徳教育」の重要課題）を明らかにする（第5章参照）。

第二に、その際、体制還元論に陥らない現実的対応を提案する。例えば「道徳の教科化」への対抗戦略として、今日の個人の尊重・人権を原理とする憲法下における市民社会の成熟を背景として、政策内部にある復古主義的「押し付け道徳」とグローバル化の求める「考え、議論する道徳」の矛盾について、復古的・権威的政策の「否定的な要素」とそれと矛盾する新自由主義的政策の進歩的な「よりましな要素」を区別し（第8章、一二五頁）、その矛盾を衝く「市民社会の成熟による国家の教育支配に対する抵抗力」（第8章、一三〇頁）で対応することを提起する。

そして、教育実践上の対抗軸として、①「教育への不当な支配」を禁ずる近代国家の教育中立性原則の確認、②国策の人づくり教育ではなく「寄り添いやケア」の人間教育の確認（第7章、一二〇〜一二二頁参照）、③「人間の弱さや罪深さ」を見つめない学校的価値観の相対化、④「国家の教育支配への地域ぐるみの対抗策＝（コミュニティスクール）」や「家庭や地域の共同業務＝（教育参加）」を提起する（第8章、一三八頁参照）。

最後に、本書全体を通しての二、三の感想を述べたい。

まず本書が問題提起する「個人の再定義」としての積極的な「市民性教育（人権教育）に連なる道徳教育」の意義についてである。

例えば、マルクスは人間の解放と自由化について古典的にその方向性を示していた。つまり『ユダヤ人問題によせて』で、「『人間解放』は現実の個別的人間が抽象的公民を自己のうちにとりもどし、個別的人間のままでその経験的生活、その個人的労働、その個人的諸関係において、類的存在（Gattungswesen）となるときはじめて」それは成就すると述べている。さらに、「部分的存在（Teilwesen）」としての現実の人間を全体的人間（類的存在）へと止揚するためには、国家に代る共同体（Gemeinwesen）がその媒介として考えられている。こうして、人間は、共同体（集団）を媒介として市民性（具体的人間）の中に公民性をとり込むことによって、統一的人間へと自己を止揚し、その全体性を回復するという（堀尾輝久『同時代ライブラリー　現代教育の思想と構造』岩波書店、一九九二年、三一四頁、三一七〜三一八頁参照）。

こうしたことを想起するなら、本書の「個人概念の再定義」にこそ、共同体（集団）を媒介する経験つまり人間同士が熟議・参加・交流する経験を含むような全面主義的な「市民性教育（人権教育）に連なる道徳教育」を通して、隣人愛や連帯感、強者への正当な怒りなど、プラスの感情（第3章、五四頁参照）で人間同士が結びつく可能性・意義、つまり人間を類的存在にする可能性・意義を見出すことができるのではないだろうか。その点で、本書の提起する「個人概念の再定義」の普遍的意義をあらためて受け止めなければならない、との感想を持った。

第二に前述の①〜④の教育実践上の

対抗軸に関連して、そのヒントは戦後教育実践の遺産（全面主義的で「市民性教育（人権教育）に連なる道徳教育」の意義）に豊かに提起されてきたのではないか、とあらためて実感した。

　なぜなら、戦後教育実践の遺産には、例えば生活綴方教育における「書く自由、書かない自由、応答的対話」を大切にすることを通して、本書の提起する全面主義的な「市民性教育（人権教育）に連なる道徳教育」の成立要件を明らかにするような実践知が蓄積されていたと考えられるからである。一九七〇年代に、丹羽徳子氏は、二年間（小学校五～六年生）の広義の教育実践・学級づくりを通して、定式化された書かせる作文指導のマニュアル的方針にこだわらず、子ども自らの生活の出来事について「書く自由、書かない自由、応答的対話」を重視した。それは、ある意味で子どもの精神形成・内心の自由としての人権（憲法第一九条）を子どもの人権の本質（個人の尊厳）として日常的に具体的に保障しようとしたとりくみを、本来の「市民性教育（人権教育）に連なる道徳教育」の「隠れたカリキュラム」として伝え、それゆえ生活綴方とそれをめぐる教育実践を創造し得たといえる。つまり障害を持つ伯母「はっちゃん」をめぐって、捫垣《もんがき》泉少年が悩みながら―障害を持つ伯母・家族への個人的思いのミクロな生活次元から、障害者と家族の人権問題の当事者のマクロな社会的問題へと生活綴方を中心とする教育実践のなかで考えるようになり、さらに深い基本的人権問題にまで認識を高めていく。そこでは、自らの生活実践の事実をありのままに見ることこそが、生きた具体的な人権の本質（個人の尊厳）についての教材であり、それと結びついて社会科憲法学習、修学旅行の養護学校見学、そして学級集団の中で響きあう生活綴方のとりくみなどが重層的に広がり（教科横断的・全面主義的実践）、子どもと教師が人権の本質（個人の尊厳）を発見し認識し、それぞれの生き方を考える広義の学びの事実がみられたのである（森田満夫「現代道徳教育政策における人権教育の位置」『人権と部落問題』第九二九号、二〇一九年一一月参照）。

　第三に、政策内部にある復古主義的「押し付け道徳」と「よりましな」グローバル化の求める「考え、議論する道徳」の矛盾を衝き現実的に対抗する本書の提起はたしかに意義があると思われる。

　しかし、あえて言えば「よりましな」新自由主義的な教育政策自体をどう評価すべきかという課題が残るだろう。例えば、それは、二〇一七年・二〇一八年学習指導要領改訂がもたらす新自由主義的教育政策自体に内在する、いわゆる「資質・能力」論の徳目化のおそれ、それを強いるカリキュラムマネジメント体制下の「評価による新たな統制」、背景にある「教育行政の中央集権的分権化」（＝「改正」教育基本法第一七条（政府の教育振興計画とそれを参酌する地方公共団体の義務）の具体化）等々を問う課題であるだろう（森田満夫「道徳教育と人権としての教育」『部落問題研究』第二二九輯、二〇一九年六月、二二五～二三七頁参照）。

（もりたみつお・立教大学文学部・教育行政学）

【書評】

牧野広義著

『マルクスと個人の尊重』

（本の泉社、二〇一九年、本体一三〇〇円）

妹尾知則

現在、日本社会においてかつてないほど「個人の尊重」「個人の尊厳」が注目されている。二〇一五年の「戦争法」（安保法制）反対運動などを契機とした市民と野党の共闘が盛り上がっているが、その運動のキーワードとなっているのが、日本国憲法にある「個人の尊重」「個人の尊厳」である。また、フラワーデモにみられるようなジェンダー平等を求める動きも、「個人の尊厳」がキーワードになっている。そのような運動の発展が見られる一方で、「個人の尊重」は、「自己責任」論と結びつけて語られることもある。社会や国家を免責する理論を正当化する根拠として「個人の尊重」が使われているのである。菅首相の「自助、共助、公助」を強調する発言は、そのような背景のなかで出されたものである。

以上のような状況を踏まえたとき、「個人の尊重」や「個人の尊厳」の意義を深めることは重要である。同時に、そのような運動が、根本的な社会変革とどのような関係にあるのかも解明すべき重要な論点であろう。本書は、これらの問題を、マルクスの思想から明らかにしたものである。

序章では、マルクスの思想をベースにして、教育と雇用を例に取りながら、個人がないがしろにされている日本社会の現状と、その現状を変える大きな武器としての日本国憲法の意義を明らかにしている。

第1章では、各国の憲法や日本国憲法の「人間の尊厳」「個人の尊重」の意義を確認したうえで、マルクスの『経済学批判要綱』をとりあげ、資本主義社会への社会発展が、「個人の自由」「個人の尊厳」の思想を生みだすこと、しかし同時に、それが資本の利潤追求のなかで踏みにじられる矛盾を指摘し、共産主義社会では「自由な個性」の発達が可能になるということを指摘している。また、それとかかわって、マルクスにとって「自由」とはなにかが論じられる。

第2章では、「個人の尊重」の思想の基礎になっているマルクスの世界観をとりあげている。「世界の変革」の哲学としての「新しい唯物論」の確立、その立場から社会や歴史をとらえた史的唯物論を紹介する。そして、資本主義社会のなかで成長する労働者階級が資本主義社会を変革し、個人の十分で自由な発達を実現する社会主義・共産主義社会を形成するというマルクスの世界観の核心を明らかにする。

第3章、第4章は、「変革の哲学」という視点から『資本論』を検討している。第3章では、社会発展における「産みの苦しみを短くし、やわらげる」ことが「工場法」や「労働者階級の発達」によって可能であるというマルクスの思想や、マルクスがつかんだヘーゲル弁証法の合理的核とそれを駆使した資本主義社会の没落の必然性の解明がおこなわれている。とりわけ、資本主義社会の変革の最も重要な条件が「労働者階級の発達」であるとの指摘が重要であろう。

第4章は、『資本論』第一巻を見通したわかりやすい解説になっている。また、労働者階級の発達による社会変革というマルクスの期待がまだ実現していない理由として、植民地支配や帝国主義戦争が挙げられ、社会変革との関係で国際平和の重要性が明らかにされる。

第5章は、マルクスの将来社会論が丁寧に論じられている。マルクスが資本主義社会の変革から将来社会の形成にいたる全過程にわたって「個人の尊重」を「社会的な協同」で実現することを主張したということが、古典を通じて、明らかになっている。

また、本書のなかで繰り返し紹介されているのが、マルクスが、将来社会を「個人のだれもが十分に自由に発達することと」を「根本原理」とする社会だと主張していることである。この点は、マルクスの「個人の尊重」思想を端的に表わすものである。

本書は、少なくとも次のような意義があると思う。

第一に、マルクスがもつ「個人の尊重」思想を明らかにしたことである。従来、社会主義運動や労働者運動は、団結や連帯は重視する一方で、個人は軽視される傾向があったように思う。そのことが、労働組合などの組織に所属すると、個人より組織が重視されることになり、統制され、自由を奪われるという印象を与えている。青年の組織離れは、このような印象（場合によっては実態）と決して無関係ではない。本書は、組織と個人とを対立するものとしてとらえるのではなく、「個人の尊重」は「社会的協同」によってこそ実現するというマルクスの思想を明らかにしている点で重要な意義をもっている。同時に、この思想を踏まえて、社会変革を目指す組織自身のあり方を点検していくことが実践的課題となっている。

第二に、日本国憲法の現代的意義とマルクスの思想が響き合っている。社会的協同によって、個人の自己実現、個人の尊重を実現するというマルクスの思想は、社会権や参政権を含む豊かな人権条項によって「個人の尊重」を実現しようとする日本国憲法の理念と共通のものである。日本国憲法を守り活かす意義がマルクスの思想から鮮明になるとともに、日本国憲法の理念を実現しようとする思想・信条を超えた市民と野党の共闘の発展にとっても重要な意義をもっているだろう。

第三に、多くの人にマルクスの思想を学んでもらい、さらなる学習へとつなげることができるということである。筆者は、哲学者であるとともに、労働者教育協会副会長・関西勤労者教育協会会長として労働者教育にも関わってこられた。本書は、これまでの自身の研究によって明らかになったマルクスの思想を、多くの人が学び、実践に活かせるようにわかりやすく書かれている。また、古典の翻訳において、マルクスの思想がより鮮明になるように工夫されていることも、古典の理解を深めるとともに、古典への入門書としても重要な意義をもっているといえる。

第四に、古典の読み方を深めることができる。たとえば、資本主義社会が将来社会を準備するという場合、一般的に「客観的条件」と「主体的条件」に分けられるが、「物質的条件」には両方含まれていることや、生産力は「物質的条件」の基礎にすぎないことなどを古典から解明している。他にも、資本主義社会における労働力商品の再生産としての生活手段の「私的所有」と将来社会における個人の人間的発達のための生活手段の「個人的所有」との違い、労働者階級の政治権力の獲得に関わってのマルクスの「パリ・コミューン」論、『ゴータ綱領草案批判』にいう「主要な力点」とはなんなのか、必然性の国における自由と自由の国の自由の意味などが鮮明になっている。古典を深めるために必読である。

最後に、コロナ禍によって新自由主義の破綻が世界的に明らかになっている今、「個人の尊重」を「社会的協同」によって実現しようとするマルクスの思想は、いっそう重要になっている。この思想を広げるためにも、本書の意義はますます高まっているといえよう。

（せのお とものり・龍谷大学院・労働法／社会保障法）

2020 年 12 月 22 日

日本学術会議会員任命拒否について

関西唯物論研究会委員会

菅義偉首相は、2020 年 10 月 1 日の日本学術会議新会員任命において、学術会議が推薦した 6 名の学者の任命を拒否しました。これに対して、すでに数多くの学会、文化団体などが声明を発表しています。その共通した要求は、任命拒否の理由を明らかにすること、6 名の任命を行うことです。しかし菅首相は任命拒否を続け、その明確な理由を説明していません。首相が学術会議に「総合的・俯瞰的活動」を求めるならば、なぜ第 1 部（人文・社会科学）の会員に偏って 6 名も任命拒否したのか、「多様性」を求めるなら、なぜまだ少数の私立大学教員や女性の研究者を任命拒否したのか、菅首相の説明はつじつまが合いません。真の理由は、安倍政権時代に「安保法制」・「特定秘密保護法」・「共謀罪法」などに反対した学者を排除したということでしょう。それは明白な憲法違反です。学術会議は、政府から独立した科学者の機関です。したがって、中曽根康弘元首相らが繰り返し国会で答弁したように、首相の任命は「形式的」なものにすぎません。公務員の選定は「国民固有の権利」（日本国憲法第 15 条）です。それは、国会が定めた「日本学術会議法」に則り、学術会議の推薦に基づいて首相が任命することです。任命拒否の法的根拠はまったくありません。

すでに多くの識者が、かつて日本が戦争に向かう過程で起こった滝川事件（1933 年）などを想起して、「学問の自由」の重要性を訴えています。私たちは、戦前の唯物論研究会への弾圧（1938 年）も想起せざるをえません。唯物論研究会は合法的な研究組織としてめざましい活動をしましたが、リーダーの戸坂潤らが治安維持法違反で検挙されたことによって解散に追い込まれました。戸坂潤は終戦直前に獄死させられました。その他の多くの学者・思想家らが弾圧されました。自由な研究と思想を弾圧する政府が、無謀な戦争に突き進んだことは重大な歴史の事実です。日本国憲法はこの痛恨の歴史を踏まえて「学問の自由」、「思想の自由」を保障しています。この自由への侵害は国民全体の人権と日本の進路に関わる問題です。

私たちは、菅首相が日本国憲法と日本学術会議法を遵守し、違法な任命拒否を撤回することを求めます。

以上

編集後記

コロナ禍のため、関西唯物論研究会も二〇二〇年一月以降、例会の延期を繰り返しましたが、九月にオンライン研究会を開始しました。本号は九月の研究発表と一〇月のシンポジウム、および投稿原稿をもとに編集しました。

特集「コロナ危機と現代社会」は生物学と憲法学から論じていただきました。

宗川論文は、新型コロナウイルスの特徴、免疫やワクチンなどについて解説するとともに、パンデミックを起こした新自由主義の問題点を論じています。

村田論文は、憲法に照らして、コロナ危機の中での政府の無策・失政の問題点を論じ、憲法の停止となる緊急事態条項の危険性を明らかにしています。

個別論文では、今日の新しい研究課題も論じられています。

内藤論文では、動物性と人間性との連続性から、動物としての人間の尊厳を論じ、依存の承認と、ケアを受けるものと与えるものの倫理を考察しています。

岸本論文は、性的マイノリティの権利について、人権を経済主体のものとしたり、強者による思いやりにすり替えたりする議論を批判的に検討しています。

亀山論文は、親鸞の「浄土の倫理」について、それが反戦平和や反抑圧・共生社会運動に連帯していく可能性を、その教義に内在して論じています。

入江論文は、文化進化論について、ダーウィン『人間の由来』を踏まえつつ、配偶者選びと社会的知性の進化からの新しいアプローチを論じています。

松田研究ノートでは、グラムシ『獄中ノート』におけるマルクスへの回帰について、理論と実践の統一、人間的社会の形成という論点を考察しています。

会員の著書二点の書評も掲載することができました。

また、日本学術会議の新会員について、菅義偉首相は学術会議が推薦した一〇五名のうち六名の任命を拒否しました。この問題について関西唯物論研究会委員会の抗議声明を掲載しています。

現在、コロナ危機と気候危機の同時進行など、現代社会の問題が深刻です。本誌が現代を唯物論的に解明する研究交流に役立つことを願っています。（Ｍａｋ）

唯物論と現代　第六三号
コロナ危機と現代社会
二〇二一年三月三一日発行
編　集　関西唯物論研究会
発行人　伊　勢　俊　彦
発行所　図書出版　文理閣
〒600―8146
京都市下京区七条河原町西南角
電　話　075(351)7553
ＦＡＸ　075(351)7560
ISBN 978-4-89259-886-9

『唯物論と現代』投稿規定

(1) 関西唯物論研究会の会員は、『唯物論と現代』に次に掲げる原稿を投稿することができる。

1. 論文（注および図表も含めて、16,000字以内）
2. 研究ノート（注および図表も含めて、12,000字以内）
3. 評論・エッセイ（8,000字以内）
4. 『唯物論と現代』掲載論文に対する意見（800字以内）
5. 会の活動に関する提案（800字以内）

(2) 投稿原稿は、未発表のものに限る。

(3) 投稿にあたっては、ワードまたはPDFファイルを編集委員会宛に電子メールで送付する。執筆者の氏名、住所、所属、メールアドレス、電話番号を明記する。

(4) 投稿原稿は、編集委員会で審査する。不採用の場合、編集委員会は原稿を消去する。

投稿先　関西唯物論研究会編集委員会
電子メールアドレス：tit03611@lt.ritsumei.ac.jp

（2019年3月16日改正）

『唯物論と現代』執筆要領

1. 原稿はワードまたはPDFファイルとする。
2. 原稿冒頭に表題、執筆者名を明記し、原稿の最後に括弧書きで、執筆者名のひらがな、所属、専門を記入する。
3. 印刷は縦書きであるが、原稿は縦書きでも横書きでもよい。
4. 注は番号を付けて、原稿の末尾にまとめる。
5. 引用文献・参考文献は、著者名、論文・雑誌名または著書名、発行所、発行年（雑誌は年月）、を明記する。
6. 校正は著者校正を2回行う。

（2019年3月16日制定）